Wolfram Kühl

Aphorismen

Gedichte und Photographien
aus drei Jahrzehnten

Copyright: © 2017: Wolfram Kühl
Umschlag & Satz: Erik Kinting – www.buchlektorat.net

Verlag: tredition GmbH, Hamburg

Bibliografische Information der Deutschen Nationalbibliothek:
Die Deutsche Nationalbibliothek verzeichnet diese Publikation in der Deutschen Nationalbibliografie; detaillierte bibliografische Daten sind im Internet über http://dnb.d-nb.de abrufbar

Vorwort

Etwa zwanzig Prozent der Deutschen lesen pro Jahr mindestens ein Buch. Etwa zwei Prozent interessieren sich für Lyrik. Die Zahl der an Aphorismen Interessierten liegt sicher noch darunter.

Das neue Buch über Aphorismen des pensionierten Augenarztes Wolfram Kühl kann das ändern. Er schreibt zum Beispiel: *„Ein Aphorismus ist der Angostura-Spritzer im Wörtercocktail."* Und *„Der Aphorismus ist vieles. Aber eines ist er sicher nie: umfassend oder endgültig."*

Das Buch ist nicht nur eine ausgewählte Sammlung von Kühls besten Sprachperlen, sondern eine kluge Lebensschule zum konzentrierten Denken und Formulieren.

Kühl geht ungewohnte Wege, seine mit dem Vergrößerungsglas betrachteten Gedanken einfach und bildhaft verstehbar darzustellen. Viele seiner Wortbilder sind verblüffend und zwingen zum Nach-Denken und Weiter-Denken. Aphorismen zu lesen erfordert Muße, Geduld und Einfühlungsvermögen.

Dieses Buch ist etwas für Langsam-Denker, die besonders sorgfältig überlegen und damit überlegen werden. Es ist eine beglückende Zusammenstellung für Menschen, die über Sinn, Tiefe und Witz im Leben meditieren wollen. Denn jedem Aphorismus wohnt der Zauber eines noch nicht geschriebenen Romans inne. Das Thema ist mit dem Brennglas der Sprache fokussiert, und unsere Fantasie und Lebenserfahrung bauen die Geschichte darum herum.

Die Aphorismen sind geordnet nach Sachgebieten, die eine umfassende Schau der Gedanken und Erkenntnisse des Autors beschreiben.

Aber das ist noch nicht alles. Der Autor zeigt dem Leser einige der wichtigsten Fotografien aus seinem Leben, die das Buch zu einer ganz persönlichen Lebensdarstellung werden lassen.

Die Relativität der Werte und Wahrnehmung sind eine wichtige Grundlage der vorliegenden Arbeit, und dazu sagt der Autor:

Die Wahrheit hat zwei Köpfe. Einen sinnlichen und einen geistigen. Und sie hat viele Gesichter.

Und *Die Wahrheit ist kurz, und die Irrtümer sind wie ein Gummiband.*

Die Wahrheiten und die Wahrnehmungen dieses Autors sind lesens- und nachdenkenswert. Er gehört zu den besten Aphoristikern, die ich kenne.

Dr. med. Dietrich Weller,
Präsident Bundesverband Deutscher Schriftstellerärzte

Aphorismen

Gedichte

Aphorismen

1. Kindheit, Jugend, Alter

Es gibt kein Genie der Jugend. Es gibt nur makellose Körper.

In der Jugend kann man fast alles verwerfen – und im Alter muß man fast alles akzeptieren.

In den Händen der Jugend ist nicht nur die Fackel des Aufruhrs.

An unserer Geburt sind wir schuldlos. Alles Andere ist wohl unsere Schuld.

Jugend – das bedeutet, ein Amphibium zu sein, mit dem Pulsschlag des Tigers.

Was sind Jugendliche? Menschen, die so ahnungslos sind, dass sie sich nicht vorstellen können, bald selbst Erwachsene zu sein.

Es ist schwer, das geheimnisvolle „Alter" zu erleben, ohne sich verliebt an die Kindheit zu erinnern.

In der Kindheit graviert sich die Heimatliebe in eine eiserne Tafel.

Die Heimatsprache ist das Glockenspiel der Kindheit, der Freude, des Schmerzes und der Geborgenheit.

Heimat ist das Biotop des Anfangs und der Seele.

Besonnte Vergangenheit, das ist der rückwärts gekelterte Wein zu den Trauben der Kindheit.

Es gibt Kinder, die sind Engel, und es gibt solche, die stammen von den Dinosauriern ab.

Jugend – die Emotionsmatrize erstmals und sehr tief beschrieben. Und die Erinnerung fließt voll Wehmut in die Vertiefungen.

Wenn ein Kind geboren wird, ist ein Kosmos entstanden. Aber wie ordnet es sich ein im Universum?

Ein Säugling ist ein Päckchen mit Erwartungsvakuum, ein Lehrer ein vermeintlich praller Sack, der Greis ein Beutel mit alten, rundgeschliffenen Steinen.

Es hat den Anschein, dass schon mit unserer Geburt die Natur und die Umwelt erheblich belastet wurden.

Ein junger Mann kann Pessimist sein. Ein alter Mann muß Pessimist sein.

Generationenkriege sind medienbedingte Kämpfe der Nehmenden gegen die Gebenden.

Geboren zu werden, heißt Schmerzen kennenzulernen.

Heimat ist das Land der Kindheit, wo die ersten Lieder von Engeln gesungen wurden.

Warum sind so besonnt die Bilder der Kindheit? Durch das Kinderauge waren sie goldgetönt, und niemand sah sie so, wie ich selbst.

Die Kindheitssehnsucht speist sich aus drei Quellen: Alter, Krankheit, Tod.

Mein großer Strom floss nicht einem Meere zu, sondern d e m Meer.

Jeder Mensch wird mit einem erdenschweren Fuß und mehr oder weniger kleinen Flügeln geboren. Mache das Beste daraus!

Vom Säugling bis zum Greis ist eine unserer vorzüglichsten Tugenden – die Dummheit.

Die Ahnenbilder zeigen außer Sommerhütchen, Bratenrock und Zylinder, dass es Persönlichkeiten waren, die auch heute noch vornweg marschieren würden.

Sehnen sich die Alten nach Ruhm, Reichtum und Lust? Nein, mitnichten, sie sehnen sich nach Schmerzfreiheit.

Anfangs gehören die Gedanken dem Essen, dann der Liebe, dann dem Wohlstand, und dann dem Essen.

Gedanken sind ein großes Königreich; aber die meisten wollen nur ein schnelles Pferd.

Das Alter hat wenige Vorteile. Das Erkennen des Wichtigen ist der wichtigste.

Die Altersmetamorphose ist immer sehr übersichtlich: Der Bauch, die grauen Haare, die Tränensäcke und der Bedarf eines Glases Wasser für die Herztablette.

Erst wird man alt, dann zerbrechlich, dann vergesslich, dann sehr lästig – und plötzlich unsichtbar.

Die Verklärung der Kindheit – das zunehmende Wissen um die unaufhaltsamen Gebrechen, die Erkrankungen und das Sterben.

Wenn das Herz jede Woche etwas altersmüder wird, dann hat verdammt der Kopf etwas mehr Antriebsarbeit zu leisten.

Wenn es gelänge im Alter nicht misstrauisch, launisch oder mürrisch zu werden, dann hätte man fast einen Heiligenschein verdient.

Welch ein Aufstand alt zu werden. Aber es ist schon wahr, zwischendurch kann man sterben.

Die Gnade des hohen Alters wird nicht aufgewogen durch den Verlust aller, die dich begleitet haben.

Wie viel Leute gibt es wohl auf der Erde, die nichts anderes tun, als alt zu werden.

Die Spanne zwischen Anfang und Ende, Alpha und Omega, ist wie ein Kerzenlicht im Wind.

Altern heißt, Zeit ansammeln und sich irreversibel zu verändern. Nicht altern heißt, Zeit ansammeln und klug werden.

Das höhere Alter hat viele spannende Kapitel. Insbesondere den Weg auf den Operationstisch.

Es ist nicht schlimm, als Senior am Rest des Lebens angekommen zu sein. Aber es ist irritierend, nicht zu wissen, ob es noch zwei oder zwanzig Jahre sein werden.

Nicht nur den Alten fällt es immer schwerer, in unserer Zeit zu Hause zu sein.

Einsamkeit – das fragwürdigste Glück derer, die die Welt kennengelernt haben.

In der Überberlebensschale findet man auch im höheren Alter noch feine goldene Früchtchen

Und als ich den siebzigjährigen Professor mit den blitzenden Augen und dem wehenden Haarschopf traf, wusste ich, dass er hundert Jahre alt werden würde, in voller Schaffenskraft und voller Frohsinn.

Unsere Kinder gehören uns nicht, sie sind nicht geschenkt, sie sind nur geliehen, für eine kurze Zeit

Erziehung ist ein Versuch zur Menschwerdung – auf beiden Seiten.

Ein Kind richtig zu erziehen, ist wie einen kleinen Vogel in der Hand zu halten. Willst du ihn wärmen und schützen, engst du ihn ein. Gibst du ihm Freiheit und Raum, ist er allein in der Kälte.

Wer ein komischer Jugendlicher war, hat immer noch gewisse Chancen ein alternder Held zu werden.

2. Familie und Ehe, Männer und Frauen

Altern heißt Zeit ansammeln und sich irreversibel verändern. Nicht altern heißt Zeit ansammeln und klug werden.

So sollte das Alter nicht sein: Bitter zurückhaltender Zweifel.

Das Gesicht ist die Landschaft des Lebens, und es gibt heitere und traurige Falten, gute und böse. Aber auch kluge und dumme Falten?

Gesichter, das sind manchmal Gestaltungsversuche von guten und bösen Geistern.

Die computerkranken Kinder von heute sind auf dem besten Weg zum Bruchstückmenschen

Einen eindrucksvollen Beweis für die Entropie stellt der Zustand des Kinderzimmers dar: Es strebt die komplette Unordnung an.

Das Hilfsprinzip der Alten: Schon am nächsten Morgen einen heißen Kaffee so schön zu finden wie einen Italienaufenthalt.

Vorlieben: Manche lieben eine dicke Speckschwarte über alles. Und manche das Obszöne.

Altwerden ist nichts für Feiglinge. Aber auch nichts für Großmäuler.

Wenn die Wünsche deutlich nachlassen, dann wird man alt.

Zwei Feiern scheinen immer epochal zu sein: Die eigene Hochzeit und die Beerdigung.

Solange es jemanden gibt, der unseren hilflosen Schlaf bewacht, sind Körper und Seele nicht verloren.

Auch wenn es wenige glauben, der Mensch ändert sich täglich. Und wenn es nur die grauen Haare wären.

Eifersucht wird meistens unterschätzt. Sie kann sicher den Wachheitsgrad signalisieren.

Es gibt so berauschende Schönheit, dass man einen offensichtlichen Fehler gar nicht bemerkt.

Viele Frauen haben einen Emanzipationskomplex – obgleich sie wissen müssten, dass jede Mutter allmächtig ist.

Matriarchat: Die Herrschaft der Frau hat trotz aller gegenteiligen Behauptungen nie aufgehört. Sie unterwirft den Mann mit Lächeln, mit Tränen, mit Sex, mit Tyrannei und mit endloser Geduld.

Manchen Frauen gelingt es, die Schönheit der Jugend im Alter auf ihr Inneres zu verlagern.

Manche Frauen sind so perfekt in der Umdeutung, dass sie selbst den Teufel für weiblich erklären.

Ist die Frau der bessere Teil des Mannes? Sie könnte es zumindest sein.

Weshalb die Frauen die besseren Lügner sind? Sie kennen sich vortrefflich mit der halben Wahrheit aus.

Manchmal ist es nützlich, ein Insekt zu sein. Über die Arbeit der einzelnen Biene ist man des Lobes voll, nicht aber über die Hausfrau.

Die Frau ist der bessere Teil des Mannes. Und die Feministin ist der Buckel auf seinem Rücken.

Wenn ein Mann einige kleine Fehler hat, sortiert sie die Frau zu einem großen Desaster-Strauß.

Viele Feministinnen scheinen einen schwierigen Charakter zu haben, denn sie führen einen Kampf gegen den Mann, ohne Kampfansage.

Die Feministinnen und die „Gleichstellungsbeauftragten" haben zwei Ziele erreicht: Die weitgehende Zerstörung der Familie und die beginnende Versklavung des Mannes. Deutschland hat heute die höchste Scheidungsrate und die niedrigste Geburtenziffer seiner Geschichte.

Bei der sexuellen Revolution ist auch Blut geflossen. Aber es floss in den Wohnstätten.

Die Frau ist die „Gesellin" des Mannes, und er muß Meisterkurse bei ihr belegen.

Eine gute Frau ist nicht nur ein guter Herd, ein gutes Bett, sondern auch eine gute Waffe.

Frauen klagen immer über die vielen Falten. Was aber gibt es schöneres, als wenn man sich an das faltige Gesicht seiner Mutter drücken kann?

Schlechte Töchter machen aus guten Müttern schlechte Mütter.

Was eine Frau ihren Kindern und ihrem Mann nicht erlaubt, ist bei den Enkeln eine Kleinigkeit.

Die Frau ist immer archaisch und kryptisch. Deshalb versteht sie Mann bestenfalls bruchstückhaft.

Machos sind arme Männer, die sich noch deutlich daran erinnern, wie sie als kleine unsichere Schuljungen waren

Im Fall des Krieges hat der Mann drei Möglichkeiten: Sich in der Verwaltung tot zu stellen, zu flüchten oder an der Front den Massentod zu sterben.

Ein Typikum der Sprache oder der Menschen – es gibt einen Erzfeind, aber keinen Erzfreund.

In Bezug auf die Frauen haben die Männer mehr Fantasie, als sich die Romanschriftstellerinnen vorstellen können.

Die Ehe – ein Wunder nach außen: Zwei können ein unschlagbares Team sein. Ein Wunder nach innen: Die Liebe kann noch wachsen.

Die Ehe ist nicht ein Topf mit einem Deckel, sondern zwei Töpfe mit zwei Deckeln, die sich zu einem Solitär umfunktionieren sollen.

In fast jeder Ehe ist es erforderlich, zu vergeben und zu vergessen und einen neuen Tempel zu bauen.

Viele Ehen sind einsam zweisam oder zweisam einsam.

Die Ehe ähnelt einer langen Mahlzeit. Den meisten fällt am Ende das Essen immer schwerer.

Der ideale Ehemann ist eine Komposition aus Schwiegermutter-liebling, Goldesel und Don Juan.

Flirten ist der Versuch, mit Augenblicken Seelenkunde zu betreiben.

Mode – der chaotische Wirbel zwischen Sommertüll und Wintertuch, der immer entsetzte und begeisterte Zuschauer findet.

Auch das heutige Make up stammt aus der Schamanenzeit – es ist Beschwörung und der Auftakt zur Jagd.

Wenn die Sonne die Flügel der Aurora ausbreitet, kann sie doch das Elend der Menschen nicht verdecken

Viele Frauen haben heute ihre Mutterinstinkte verloren. Über einen Hund geht es nicht mehr hinaus

Idealisten sind Leute, die sich ausbeuten lassen. Sogar von ihrer Frau!

Eine Tochter ist ein Sohn, etwas verliebt betrachtet.

Eine Dame beinhaltet ein Wesen, das aus einem Stoffel einen Gentleman machen kann.

Die Bestrafung Adams – nicht die Vertreibung aus dem Paradies - sondern die Feministinnen.

Der Weltfeminismus hat sein Ziel fast erreicht: Aus allen Männern „zufriedene" Sklaven zu machen.

3. Arbeit, Beruf und Gesellschaft

Statistik ist leider oft die blendend organisierte Lüge.

Abstimmung ist die schönste Gelegenheit, dem Stimmvieh zu suggerieren, dass es keinen Metzger gibt

Wer an die komplette Überlegenheit der instrumentellen Vernunft, der binären Rechenmaschinen (Computer) glaubt, hat allemal vergessen, wer sein Schöpfer ist.

Ein Computer ist nicht ein Genie ohne Moral, sondern das hysterische Vibrieren zwischen Null und Eins. Mit anderen Worten eine bessere Rechenmaschine.

Die hässliche Pixelwelt, die Hölle von Viren, Würmern, Trojanern, die unerwarteten und unvermeidlichen Kommentare von selbsternannten Spezialisten – muss die Computerwelt so furchtbar sein?

Computer – abhängig von Strom, Geräten, Programmen, PC-Technikern, Virenschutz – beim Buch brauche ich nur eines: Eine ruhige Ecke.

Zwischen Lust und Schmerz mäandert der psychische Automatismus, zwischen inneren Gespenstern und Feenlandschaft.

Die Habgier ist verwerflich, die Geldgier gefährlich, aber die Neugier ist der große Schritt zur Weiterentwicklung.

„Geiz ist geil" – und Faulheit ist das Kapital der Unwilligen.

Früher sollte der Müßiggang aus dem Paradies stammen. Heute ist er das Teufelswerk für die Fettleibigen.

Erfolgreich ist, wer günstige innere und äußere Bedingungen zu verbinden weiß. Mit Protektion macht das natürlich viel mehr Spaß.

Geld verdirbt nicht nur den Charakter, sondern auch die Rangordnung. Wer am meisten hat, steht ganz oben.

Manch einem ist es behaglich zumute, wenn es dem Nachbarn unbehaglich wird. Die Lüge hat viele Freunde und ist die Mutter der Faulheit. Geld ist wie eine Krankheit, kommt zur unrechten Zeit, bereitet Schmerzen, verdirbt den Charakter.

Wer wirklich genügsam ist, hat von allen Schätzen reichlich.

Wohlfahrt sollte nicht nur von Wohltaten, sondern von den Einstellungen leben, die ihre Existenz bald überflüssig macht.

Der Demagoge ist ein Teil von des Teufels Zeigefinger.

Geduld ist die Geheimwaffe aller Pädagogen.

Nach dem ältesten Gewerbe kommt das Kriegshandwerk. Und davor kommt die Diplomatie.

Seefahrt tut not: Die Ferne und die Nähe, Begegnung und Trennung, Leben und Tod.

Mit jeder Supererfindung gehen mindestens zwei bis drei Fähigkeiten verloren, die unsere Altvorderen noch hatten.

Der endlos graue Himmel, das endlos graue Wasser und einzelne Goldflecken darauf – das ist das Leben der Routine.

Hausarbeit erzeugt beim Mann den unauslöschbaren Glauben an Heinzelmännchen.

Pflicht – ohne Murren das zu tun, was weh tut.

Das Süße an der Pflicht ist nicht nur ihre Unerbittlichkeit.

Misserfolge können einen zurückwerfen. Erfolge ins Unglück stürzen.

Ein ganzer Tag 720 Minuten stumpfe Routine oder 720 Minuten Gelegenheit zur Weiterentwicklung.

Arbeit ist wie Brot kauen. Man kann es weit über das Übliche hinaus tun – dann wird sie süß.

Ein Genie – und die Kraft der Verzweiflung kann Berge versetzen.

Am Ende einer langen Arbeit schrumpft das Ergebnis im Auge des Fremden auf die Größe eines Sesamkorns.

Um wie viel wird ein Reicher ärmer, wenn er einen Armen richtig beschenkt?

Die Wirtschaft eines Landes ist nicht die Land-Wirtschaft. Mit dem Land kann man nicht „wirtschaften". Man kann es nur pflegen, verwalten – und wenn man Glück hat, gute Ernten einbringen.

Wer seinen Deich nicht kennt, wird den Durchbruch kennen lernen.

Ein alter Arzt ist wie ein abgetragener Berg. Er weiß sehr viel über Leidensfähigkeit und Erosion.

Forscher sind die Vorhut im verminten Gelände. Es sind der Opfer viele, die die Lasten tragen müssen.

Der heutige technologische Fortschritt ist oft ein vielfaches Monster. Er bekämpft die Kreativität, die Stille und das Geborgensein.

Viele Politiker würden für eine gute Demoskopie dem Teufel ihre Seele verkaufen.

Der, der sich abmüht im Schweiße seines Angesichts, der soll auch den Lohn, die Früchte seiner Arbeit ernten. Der aber, der sich für das Gute abmüht, den sollen die Götter belohnen.

Wissen ist der Acker, Leistung die Ehre unseres Bemühens.

Erfindungen – das seltene synaptische Wetterleuchten auf einem vorgedachten Kristallisationspunkt.

Kapitalismus – der legale, organisierte Betrug, der bei dem einen viel Freude, bei dem anderen viel Verdruss erzeugt.

Armes Deutschland – oft schwankt es zwischen böser Gewalt – und dann politischen Schleimspuren bis in die letzte Hütte.

Die Gutmenschen haben ihre Kinder so gut erzogen, dass ihnen deren Liebe, Respekt und Freundschaft verloren gegangen ist.

Seit den 68-ern züchtet der Nachwuchs den Undank in einem wohltemperierten Gewächshaus.

Die Schweiz wäre nicht so eng, wenn sie ein kleines Stückchen Ostsee oder Nordsee hätte.

Gerechtigkeit ist anscheinend keine Materie für die Gerichte. Früher wurden die Opfer und heute die Täter begünstigt.

Nur wer handelt und sich ins Gewühl mit anderen Egoisten stürzt, erkennt sich selbst.

Fortschritt resultiert aus dem unausrottbaren Glauben an das Eier legende Wollmilchschwein.

Und Fortschritt entwickelt sich ja doch so oft aus der Gärhefe der Unzufriedenen und der Fanatiker.

Fortschritt ist Zeitgewinn, damit die Mehrheit aus Langeweile Blödsinn machen kann.

Frieden ist das warme sinnvolle Haus des Menschen. Aber die Gierigen, die Neider und die Wüsten wollen nicht darin leben.

Einen dauerhaften Frieden kann man nur mit dem Herzblut der Kühnen und der Geduld der Stoiker erringen.

Der Frieden, das ist ein Baldachin aus Engelsflügeln und der Krieg des Bösen Apokalypse.

Eleganz ist die sonderbare Woge der Verschwendung, die wie ein Gesetz daherkommt.

Ideologien sind Speed und Crack für den „großen Lümmel" – das Volk.

Der Weg zu den Sternen ist rau; meist bleiben wir schon in den Geröllstrecken des Alltags hängen.

Alkohol: Allein befindet man sich in schlechter Gesellschaft – bis dann Bacchus kommt.

Der Mensch hat eine gläserne Zerbrechlichkeit, aber auch einen sonderbaren Drang nach tödlichen Abenteuern.

Im Kindergarten sollen die Kinder ihre Lungenfunktion (Schreien) und Mobilität verbessern. Im"Altersgarten" können die Insassen mit Stöckchen und Rollator die Endphase üben.

Grünsmoothy-und Vegan-Terror, Pseudoburnout und Psychocouch, gedoptes Sixpack und geistig unterbelichtet. Es wird aber auch nichts ausgelassen.

Ein Tropfen Galle verdirbt ein ganzes Huhn. Ein Tropfen Bosheit verdirbt einen ganzen Menschen.

Mit der Menge des Fernsehkonsums scheinen die Verkehrswege zum Himmel abzunehmen.

Arbeit k a n n glücklich machen. Erfolgreiches Denken macht glücklich.

Blühende Phantasien sind nicht nur ein Privileg von Kindern, Dichtern, Politikern und Lügnern, sondern auch von „kreativen" Bankern.

Wenn das Technikmonster Computer das Buch endgültig besiegt hat, ist vielleicht das Schicksal des Abendlandes gekommen.

Karikaturisten sind Leute, die die „Unterwäsche" anderer anlupfen und dort Komisches entdecken.

Ein Historiker ist ein Mensch, der über die Vergangenheit viel gelesen hat – und nun meint, sie zu kennen.

Es gab Zeiten in Deutschland, da glaubten viele, Gott will uns für immer verlassen.

Jede Karriere hat zwei Zustandsformen – sie ist schnell oder sie ist langsam vorbei.

Die Diktatur des Relativismus verdirbt die Völker bis in ihre Wurzeln.

Zu den Hauptstützen der Diktatoren gehören ihre Frauen, ihre Geliebten, ihre glühenden Verehrerinnen.

Den Charakter eines Volkes erkennt man auch daran, wie es seine Soldaten und seine Ärzte behandelt.

Oh, die Patienten, sie vergessen ihren Arzt in der Stunde der Genesung.

Nur wer seine Heimat richtig liebt, ist für das Fremde aufgeschlossen.

Ein Demagoge ist ein Teil von des Teufels Zeigefinger.

Die Wurzeln des Krieges reduzieren sich auf das Einfachste: Rache Neid, Gier, Maßlosigkeit.

Das Genie braucht die klare Luft der Gipfel. Das Talent braucht die Mühen der kleinen Berge.

Demokratie sei die Herrschaft des Volkes. Aber sie ist die Herrschaft der Rosarot-Brillenträger.

Manche Menschen haben so glatte Gesichter, dass man glaubt, ihr Herz habe kein einziges Erdbeben erlebt.

Zwischen den Parallelen Grasgrün und Himmelblau befördert der Gärtner das horizontale Wachstum.

Der Fuß und die Fußangel sind in eine intensive Symbiose getreten. Sie können nicht ohne einander auskommen.

Wer handelt macht Fehler, aber er bewirkt etwas. Wer nicht handelt bewirkt nichts.

Wenn ich nichts Edles schaffen kann, kann ich vielleicht dem edlen Werk die Bahn bereiten.

Helden sollen als Löwen sterben! Könnten sie dann als Menschen leben?

Wer möchte nicht ein Weber sein, der in den großen Teppich hineinweben könnte die schönsten Symbole der Liebe und der Sehnsucht.

Auch in eine so große, schöne Feier fallen immer drei Tropfen echter Melancholie.

Die Natur ist v.a. des Sichtbaren Geist und das Erlebnis seiner Vitalkraft.

Unter den Dichtern gibt es sehr viele Kluge und ein paar Dumme. Und die Dummen haben das Manko mit Herzblut ausgeglichen.

Manche glauben, mit zu viel Arbeit verkürze man das Leben. Und manche meinen, mit zu wenig Arbeit!

Die Faulheit vernetzt sich mit der Lüge. Die Lüge mit dem Unrecht. Und das Unrecht ist der Schlüssel zum Bösen.

Faulheit ist die persönliche Schwerkraft, die Gutes behindert und Fliegen unmöglich macht.

Disziplin ist das Fitnessband der Erfolgreichen und das Hamsterrad der Erfolglosen.

Disziplin ist für vieles gut – selbst um sein Glück zu verwalten.

Sind Finanzämter wirklich die Dukatenesel der Unterwelt?

Der Weg ist das Ziel! Das ist nicht wahr! Der Weg ist nur das halbe Ziel.

Kreativität bedeutet nicht nur die wirksamste Methode, Haus und Auto zu bauen, Nanotechnologie zu entwickeln, sondern auch die Fähigkeit, anerkanntes Wissen und Tun elegant zu unterwandern.

Ein Dichter verknotet so lange merkwürdige Gedanken und banale Wörter, bis daraus Gewebe mit Leuchtkraft werden.

Die Wissenschaft braucht das starke Licht und die großen Mikroskope. Aber wie ist sie beschaffen, die Natur im Dunklen?

Der Arzt weiß besonders um seinen Tod. Aber sein Haus bestellt er nicht.

Ist ein junger Chirurg zum Fürchten und ein alter Chirurg zu verehren?

Meistens haben nicht wir die Technik in der Hand, sondern sie beutelt uns nach Gutdünken.

Eine schwierige Sache anzufangen ist wenig, eine schwierige Sache zu beenden ist alles.

Auch wenn es keiner hören will: Berlin ist ein Kosmos und Hamburg, München und Köln sind Provinz.

Viele gute Menschen werden krank, weil sie im Kampf gegen das eigene Böse unterliegen

Vielen Verbrechern wächst eine Echsenhaut, und sie fühlen sich wohl darin

Wer kann mitten im Ritt das Ross wechseln? Die Politiker können das!

Die moderne Gesellschaft hat zwei tiefe Defizite produziert: Den kompletten Verlust von Demut und Dankbarkeit.

Die Mächtigen: Auf der Spitze von Feder und Schwert jongliert die Macht bis zum ersten Totschlag.

Noch weiter auseinander als Feuer und Wasser sind Weisheit und Macht.

Reform – das ist häufig, das auf den Kopf Stellen dessen, was sich bewährt hat.

Gesetze sind rostige Ketten, die angeblich die Brücke halten, die in Freiheit führt.

Regieren, d.h. zu entscheiden, wer wem etwas wegnehmen darf.

Wer kein Herz für die Armen hat, ist nur ein halber Mensch.

Die heutigen Medien schaffen zunehmend eine Ereignisdichte, in der immer mehr der Irrsinn den Schwachsinn jagt.

Eigentlich haben wohl alle Menschen ein Knochengebäude des Charakters. Aber nicht nur unter den Politikern gibt es viele, die eine Molluskenstruktur haben.

Es gibt Leute, die glauben, die gesamte US-Plutokratie beruht spätestens seit dem Zweiten Weltkrieg auf Desinformation und Lügen. Und für Überraschungen wird immer gesorgt.

Je mehr Kriege die Amerikaner verloren haben, desto patriotischer werden sie.

Wann schon hat die Zweifelssorge die Politiker oder Machthaber beseelt?

Diplomatie bedeutet, einen Teppich über einen Vulkan zu legen und jedermann glaubhaft zu machen, dass man darüber laufen könne.

Eigentlich sind Nationen Erinnerungsgemeinschaften. Die Deutschen aber haben die aufrichtige Erinnerung und die Wahrheit verloren.

Die Deutschen sind das einzige Volk auf der Welt, das von sich behauptet, es sei viel schlechter als es ist.

Narren und Genies verschleißen sich durch eine „heilige Selbstverschwendung."

Kitsch gibt es süß, sauer oder normal. Der süße Kitsch begeistert die Teenager, der normale Kitsch die „Normalen" und der saure Kitsch begeistert die Kritiker.

Die ganz weit unten stehen glauben, dass es zwei Götter gibt, einen für die Reichen und einen für die Armen.

Wer gut feiern will, muss die Armut kennen.

Wer sich in Gold und Purpur kleiden läßt, ist dem Satan schon halb verfallen.

Auch die dunkelsten Gesellen warten auf den ersten Frühlingsglockenlaut.

Jeder ist seines Glückes Schmied! Wo aber nehme ich die Kraft und das Feuer her, um mein Schicksal zu schmieden?

Hinreichend Glück braucht man schon, um alle Tücken des Objekts ohne größere Blessuren zu überwinden.

Das Abenteuer wird erst durch das Risiko lieb und teuer.

Zwei besondere Spezies gibt es: Leute, denen die Galle ständig überläuft und solche, die gar keine Galle haben.

Die Gleichgültigkeit hat die Menschheit sicher so viele Tote gekostet wie alle ihre Kriege.

Springe jeden Tag unter die eiskalte Dusche, jeden Tag in den Pflichtkampf und jeden Tag in den Kampf gegen dich selbst: Und du wirst doch kein Held werden.

Es wird heute sehr viel umarmt, aber umso schlechter festgehalten.

Die wunderbaren Leute, die viel reden, immer reden, immerzu reden, in welche Folterecke werden die geraten?

Den Seinen gibt's der Herr im Schlaf. Aber die Gutwilligen müssen Kärrnerarbeit leisten.

Ein Arzt ist so oft ein Mensch, der gern schweigen, das Skalpell verdammen und nur die Hand auflegen möchte.

Die Medien platzieren den Arzt immer zwischen Dunkelmann und Heros. Dabei unterliegt er nur der Müdigkeit von Körper und Geist.

Wann ist ein Arzt gut? Wenn er mit allen Patienten Späße macht und zu allen sagt: Für ihr Alter ist alles bestens!

Der Süden – nicht nur der Antipode des Nordens – sondern auch die Wärme, das hohe Licht, die Leichtigkeit, die Fäulnis und das schnellere Sterben.

Heimat ist etwas Nostalgie und etwas Utopie, v.a. aber das Strömen des Herzbluts.

Der Chef ist immer nur der Zweitklügste. Klüger ist immer der, der seinen Posten haben will.

Je weiter sich der Charakter abwärts entwickelt, desto mehr entwickelt sich der Gutmensch nach oben.

Wenn ein Mensch keinerlei Antrieb hat, bleibt immer noch der Neid.

Aufschreiben heißt Wissen bewahren, vermehren, quadrieren, in die Potenz setzen – und Revolutionen erzeugen.

Ausnahmen sind nicht nur die statistischen Ausreißer, die Spielbälle der Natur. Es sind die Wegweiser ganz nach oben und ganz nach unten.

E-Mail – der endlose Austausch von Informationen, für die Papier offensichtlich zu schade ist.

Ein Land ruinieren stets drei Typen von Parteibonzen: Die Fanatiker, die Doktrinäre und die wissenden Mitläufer.

Die Ingenieure können sich noch so anstrengen, ein Gedanke ist doch viel schneller als eine Marsrakete.

Das Auto hat als Puppenwagen begonnen und wird als Klimakatastrophe enden.

Eine Autobiographie ist der Versuch, aus einem kleinen Analphabeten einen altgewordenen Messias zu machen.

Als der Mensch erstmals begann, Gedanken aufzuschreiben, hatte er mehr gewonnen als das Prometheus´sche Feuer. Und so wurde er ein Feind der Götter.

Avantgardisten sind Menschen, die versuchen aus der Ursuppe der Gesellschaft die schönsten Klößchen zu fischen.

Urlaub wäre gar nicht so schön, wenn davor nicht eine schön lange Arbeitszeit wäre, die richtig schön auslaugt.

Die Bewunderung eines anderen resultiert erstens aus der Tatsche, dass jener Bewundernswertes geleistet hat und zweitens aus dem Glauben, dass man jetzt in Augenhöhe gekommen ist.

Beziehungen sind nicht nur Vitamin B, sondern auch noch Vitamin A, C und D und einiges andere.

Wenn der Arzt erfolgreich geholfen hat, hat der Patient seine natürlichen Heilkräfte bewiesen?!

Bildung – der innere Erwerb von Bildern: Keine Photographien, keine Käufe auf Kunstauktionen, Gerahmtes aus Aktien und Genussscheinen; sondern Engramme, Neuronenfeuer der Suchenden.

Bildung ist wie das dritte Bein des Melkschemels. Zum Verunglücken gibt es viele Möglichkeiten.

Schreiben heißt, einen Krakel neben den anderen zu setzen und zu glauben, dass man davon leben kann.

Schriftsteller sind Knechte. Die Einen schreiben aus Elend und die Anderen aus Wollust.

Es gibt Genies mit Geduld und Ungeduld. Die einen werden Pädagogen, die anderen Ballistiker.

Bei einem Talent merkt man den Fleiß und die Mühe in einer gelungenen Arbeit. Bei einem Genie merkt man es nicht.

4. Liebe und Freundschaft

Was befördert die Erotik mehr, die urdunklen Signale oder die sanften Flügel des Schmetterlings?

Schönheit ist Harmonie und Rhythmus in erotischem Schleier.

Agape liebt Eros – ohne Folgen. Eros liebt Agape und er wird ein blasser Schwächling?

Die Liebe ist ein Feuer, das immer Brandspuren zurücklassen wird.

Die große Liebe ist arglos – muss da nicht immer ein Stachel Sorge sein?

Die große Liebe ist eine Fehlanlage des Menschen. Sie macht blind, gutgläubig und schwachsinnig?

Die großen Erschütterungen sind leise: Die plötzliche Vorahnung des Unglücks,_das leichte Erschauern, wenn Amors Pfeil getroffen.

Die große Liebe ist die volle Berührung bei offenem Herzen.

Die Liebe ist wie zwei ineinander greifende Sternenkreisläufe. Die stärkste Annäherung hat das größte Licht.

Liebe ist das Unsagbare. Wenn du es sagst, fliegt es davon.

Die große bedingungslose Liebe ist das Einzige, was uns Gott näher bringt oder ihm verwandt macht.

Liebe, die nicht vom Tod besiegt wird, ist das Maximale, das am meisten Schmerzen bereitet.

Ohne Mut und bedingungslose Zweisamkeit läßt sich die wahre Liebe kaum erringen und bewahren.

Ein Herz kann ein Schussfeld, zwei Herzen eine Trutzburg sein.

Wenn zwei Herzen aneinander glühen, muss es keinen Brandschaden geben.

Wenn in einem Winterherzen eine Kirschblüte aufbricht, wird noch viel Frühling sein.

Auf der obersten Stufe der Empfindsamkeit wohnt die Zärtlichkeit.

Nicht im Englischen, Französischen, Spanischen, Russischen, Italienischen gibt es einen so schön klingenden Satz wie das deutsche: „Ich liebe dich!"

Manche sind zufrieden – ohne Hunger. Manche sind zufrieden – ohne Schmerzen. Manche sind zufrieden – ohne Luxus. Aber wer ist zufrieden ohne die Liebe?

Anmut ist keine Frage der Schönheit, sondern der Sanftmut der Seele.

Schönheit ist die Verheißung von Glück oder die Nähe von Unglück?

Alles erlesen Schöne ist mit diesem feinsten Schleier bedeckt, den man nicht sieht, aber ahnt, dass die Musen ihn zur Vollendung gespendet haben.

Die Schönheit erwächst erst zur wahren Blüte, wenn sie vom Geist veredelt wird.

Eifersucht wird meistens unterschätzt. Sie kann sicher den Wachheitsgrad signalisieren.

Die sicherste aller Lieben ist die Eigenliebe. Man erwirbt sie nicht, man kauft sie nicht, man hat sie einfach.

Liebe kann ein Spender sein für eine selbstladende Leistungsbatterie.

Die große Liebe ist arglos. Muß da nicht immer ein Stachel der Sorge sein?

Ein Kuss kann wie ein Erdbeben sein. In wenigen Sekunden kann Gewaltiges passieren.

Liebe ist mehr als „Schwerkraft". Sie ortet, legt fest, bestimmt, zentriert und erzeugt trotzdem Glück.

Mann und Frau kommen so gut miteinander aus, weil sie sich nie ganz verstehen werden.

Die Geliebte – ein Geschenk ist sie der Götter – und von diesen das größte.

Die neue beidseitige Sexualmoral : Aus dem Bett, aus dem Sinn.

Eros ist der rote Pfeil und Agape der hellblaue Schmetterling der Liebe.

Der Durst ist eine notwendige Mitgift der Natur. Aber der Durst nach Wissen und Liebe kommt aus dem Göttlichen.

Wenn die Liebe mit dem großen Kristallisationspunkt zusammentrift, dann ist sie nicht mehr auszulöschen.

„Ich bin din und du bist min..." dieser jahrhundertealte und einfachste aller Sätze kann nicht gesteigert werden.

Der Mann hat drei Lieben: Die hilflose und schmerzhafte erste Liebe; die Geliebte, die man mit Kopf und Haaren verzehren möchte und die reife Liebe mit dem starken Strom von Freundschaft, Verständnis und Erotik.

Gibt es wirklich ein Blütenherz, das nur Nektar und Pollen bereithält?

Bereit sein zur Liebe heißt nicht, dass man die Eigenliebe in den Sumpf treten muss.

Wer seine Katze liebt, der muß sich mit der Maus abfinden.

Die Zähne meines Hundes sind zweckmäßig, stark und schön. Die Zähne vom Nachbarhund sind unangemessen, gefährlich und hässlich.

Liebe ist mehr wert als die besten Pulswärmer.

Die Liebe ist eigentlich die Matrix des Lebens und das Stigma derer, die sie nie wirklich erfahren haben.

Die Liebe ist kein Poetenflügel, der nur in die höchsten Sphären führt. Sie ist ein Pelzmantel, der wärmt und wärmt und wärmt.

Mit dem tiefen Pfeil des Amors kommen sie auch, die schwerelosen Tage ohne Webfehler.

Schönheit ist ein Geschenk für den Tag, Erotik ist ein Drink für die Nacht. Und die Liebe ist ein Elixier für ein ganzes Leben.

Der Mensch ist nicht die Rechtfertigungschance der Welt, wohl aber die Schönheit.

Echte Schönheit und genuine Heiterkeit werden von den Göttern nur in Feierlaune vergeben.

Der meistens sehr vergessene Bruder der Freundschaft ist die Treue.

Ein guter Freund kann wie eine schutzsichere Weste sein.

Mitleid: Also mitleiden mit denen, die unsere Brüder nicht zu sein scheinen, die Bettler, die Obdachlosen, die Säufer, die Gestrandeten, die ohne Hoffnung sind – was wäre alles ohne Mitleid?!

Charakter wächst nicht im stillen Kämmerlein, sondern auf dem Schlachtfeld des Alltags.

Im Zeitalter des Egoismus ist die Treue ein Fossil.

Freude ist das Festmahl der Seele – und Tränen ihre Purgation.

Der Urgrund fürs Menschsein ist ein bekömmlich Brot und ein gedeihlich Bett.

Das Gesicht ist das, was gesehen wird. Aber es ist oft nur ein Seidenstrumpf über den Abgründen.

Es gibt Menschen, die ein Gewissen haben, solche, die keines haben und solche, die es nach Bedarf haben.

Die wahre Schönheit hat einen Schleier, der die Aufdeckung des Wahren unmöglich macht.

Schönheit belebt wie ein Grog im kalten Winter. Sie steigert alle Sinne.

Flirten ist ein Versuch, mit Augenblicken Seelenkunde zu betreiben.

Da die Liebe großenteils aus Traum gewoben, ist ihr Alltag so oft schmerzlich.

Reicht die Liebe bis in den Tod? Oder bis in die Unendlichkeit?

Die Liebe ist immer heiß: Aus Leidenschaft, aus Eifersucht, aus Verzweiflung; das Alter hüllt ein bisschen Watte drauf

5. Besitz und Geld

Wie unermüdlich alle danach streben sehr reich zu sein. Doch sind die Reichsten nicht manchmal die ersten in der Hölle?

Misstrauen ist die Lebensgrundlage aller Kleinanleger, denen man wunderbare Aktien verkaufen will.

Das missverstandene Wohlstandsparadoxon: Überfluss macht Kinderarmut.

Über Mangel an Geld klagt jeder. Über Mangel an Verstand keiner.

Inmitten der Berge und des Ozeans merkt der Mensch, was er ist: Eine Ameise!

Wie ein Fluss sich aus vielen Bächen und Wassern speist, so mischt sich der Mensch aus Gutem und weniger Passablem.

Menschenschicksale werden heute nicht mehr von „höherer" Hand geschrieben. Es sind heute die Gene.

Das Entwicklungstempo der Menschheit ist beängstigend, weil die Sucht nach mehr ein ständig laufender Motor ist.

Ist Gier wirklich erfinderischer als Not?

Wenn Wissen, Macht und Geld zusammenkommen, ist Gier die Lunte für den nächsten Krieg.

Der kalte Krieg ist die Fortsetzung des heißen Krieges durch Politiker mit schlechtem Charakter.

Es ist sinnvoll, du bewachst deinen Charakter besser als ein Schmuckkästchen, denn er wird dein Schicksal gestalten.

Sparsamkeit ist der große Luxus, den sich jeder leisten kann.

Wer sich in seinem Erfolg sonnt, wird nicht lange in der Sonne stehen.

Liegt nicht dicht bei der Eitelkeit und Arroganz auch die Grausamkeit?

Wenn alle Antriebe versagen bleibt immer noch der Neid.

Wenn der Körper fett wird setzt auch die Seele Fett an.

Wie eine Prise Salz einen Topf Suppe verändert, so kann ein wenig Metaphysisches den Menschen wandeln.

Auch der Sanftmütige wird durch Machtgewinn zum reißenden Löwen.

Ein Buch ist ein Individuum: Spezielle Gestaltung, Druck und Papier, persönlicher Inhalt. Ein Computer aber ist ein flimmerndes, ungestaltetes, wahrscheinlich gesundheitsschädliches Objekt.

Ein Computer ist nicht ein Genie ohne Moral, sondern das hysterische Vibrieren zwischen Null und Eins. Mit anderen Worten ein Tyrann ohne „Herz".

Bücher schreiben ist ein fortgesetztes Weiterüben derer, die ihre Wortfindungen am elegantesten und ihre Gedanken am finanzträchtigsten finden.

Manche Ärzte fürchten die Armut mehr als den Tod.

Adam war der erste Mensch, der das Wunderbare gegen etwas Süßes eingetauscht hat: Das Paradies gegen einen Apfel.

Reisen ist der Austausch der Orte. Wandern ist der Rückgewinn der Langsamkeit und der Verdichtung.

Ist man ein getarntes Schaf im Wolfsrudel, lebt man nicht lange. Ist man ein getarnter Wolf in der Schafsherde, hat man sein gutes Auskommen.

Kinder haben Schulden bei den Eltern. Eltern haben Schulden bei der Bank. Banken haben (hoffentlich) Schulden bei den Großeltern.

Es gibt hartnäckige Genießer, die nach dem üppigen Essen ihre Reue noch als Dessert empfinden.

Wer wirklich genügsam ist, hat von allen Schätzen reichlich.

Mode kann hässlich sein, wie der Glöckner von Notre Dame, aber es wird immer begeisterte Käuferinnen geben.

Das sonderbare Geheimnis vieler Ökonomen ist, dass sie glauben, sie hätten den Goldesel erfunden.

Reichtum ist wie das Rauchen einer Opiumpfeife. Wer kann schon nach einer aufhören?

6. Hoffnung, Glück und Leid

Hoffnung: Jeden Tag einen Becher Freude. Werden wir jemals einen ganzen Becher voll bekommen?

Wer das Glück sucht, kann immer eine Tür nach innen oder außen öffnen.

Glück – der zufällige Brosamen Fortunas in Justitias Waagschale; oder der gerechte Sold für den Tüchtigen?

Wer das Glück jagt, dem klopft das Unglück an die Tür.

Glück ist der freie Fall der Sinne ins Paradies.

Glück ist ein Honigtöpfchen, in das man nur selten hineinstolpert.

Die selbst verschafften kleinen Glücke stehen dem großen Glück absolut im Wege.

Auch in der einfachen Holztonne und auf dem harten Strohlager soll sich das Glück finden lassen.

Auch wenn das Glück in den Träumen und der Fantasie größer sein sollte, in der Realität ist es mit allen Sinnen zu fassen.

Das vollkommene Glück ist unbekannt. Ist das vielleicht nur eine Definitionsfrage?

Es gibt nicht d a s Glück auf Erden. Aber wehe man achtet der glücklichen Momente nicht.

Das Glück macht oft einen Umweg. Das Unglück kommt ganz direkt.

Alle Menschen werden vom Schicksal gebeutelt. Die einen bekommen blaue Flecken, die anderen eine Lederhaut.

Die Hauptemotionen Liebe, Rache, Trauer, Besitz- und Machtgier verschieben sich wohl in jedem Lebensjahrzehnt.

Besser ist es, in des Schlafes und des Traumes Tiefe eine Pflanze zu sein als ein Tier.

Im eifersüchtigen Studium des fremden Glücks wird man des eigenen verlustig.

Ist das Gegenglück nur die Abwesenheit von Glück oder ist es Pech oder nur die Langeweile des Zufalls?

Freude ist das Erahnen von Glück – auch in einem Wassertropfen.

Für die ganz große Freude reicht ein Herz. Den ganz großen Kummer möchte man auf zwei Herzen verteilen.

Freude ist die erstgeborene Tochter der Liebe.

Freude ist die Erfüllung des Ersehnten – und die Wermutstropfen werden mit geschluckt.

Jeden Tag einen Tropfen Freude, können wir dann einen ganzen Becher voll bekommen ohne etwas zu verschütten?

Es geht nicht um d a s Glück, sondern um weniger Schmerz und ein bisschen Glück.

Wer noch so oft dem Ross der Glückssuche die Sporen gibt, er wird die Zeit nicht überspringen.

Ist Glück die Butterseite des Schicksals oder nur seine kurze Leihgabe.

Das große Glück braucht man doch gar nicht. Aber die Hälfte oder ein Viertel? Oder würde ein kleiner Schutzengel schon reichen?

Die Glückssträhne ist meistens kleiner als ein Schierlingsbecher.

Sex ist das ernsteste aller Hobbys.

Die Empfindungen sind so oft dialektisch und dualistisch: Gut und Böse, Freude und Trauer, Glück und Leid, geboren und aufgebahrt werden.

Was ist größer als alle Wunder? Das unauslöschliche Prinzip Hoffnung.

Nicht alles, was schön ist, ist Sünde. Aber fast alle Sünde ist schön?

Tag-Wunschträume werden je zur Hälfte vom Teufel oder von den Engeln geritten.

Schönheit, das ewige Rätsel leicht gebrochener Harmonie: Tautropfen im Licht, galoppierendes Pferd, zartes Lächeln am Wegrand.

Was Schönheit so gefährlich macht? Die Erschütterung der Seele.

Ein Schicksal entsteht, wenn sich subjektive und objektive Fehler addieren.

Das Gift in unserem Alltag ist nicht das große, sondern das kleine Böse.

Das Böse hat drei Dimensionen: die Schwäche, die Versuchung, den Dämon

Das Böse ist es genetisch manchmal perfekter als das Gute?

Das Mysterium des Bösen – ist es die Schattenseite Gottes oder der zweite Motor der Evolution?

Die Furcht ist in der Armut. Die Furcht ist im Reichtum. Sie ist in der Krankheit – und groß ist die Furcht in der Liebe.

Sehnsucht ist das sonnenerfüllte Wolkenschiff. Die Erfüllung nur ein knarrendes Segelboot.

Melancholie – die sanfte Trauer des Herzens hüllt einen grauseidenen Schal um die Seele.

Melancholie und Wehmut sind die Entropie der Seele – das Wissen um den definierten Verlust der Lebensenergie.

Wehmut ist das Zittern der Seele in Anschauung der Gegenwart und süßer Erinnerung des Vergangenen.

Der goldene Vogel im goldenen Käfig singt nicht. In die Freiheit entlassen, singt der graue Vogel mit goldener Kehle.

Gleichgültige Duldung ist in breitem Umfang die Pforte des Unglücks

Nicht das Lachen, sondern das Mitleid unterscheidet den Menschen vom Affen.

Wenn das Weinen aufhört, beginnt nicht die Freude, sondern der Widerstand.

Es ist die schlechte Erfahrung der Folterer – die Gedanken sind feuerfest.

Des Menschen Schmerz ist versessen nach dem Ende und Vergebung aller Schuld.

Gefährlicher als der schreiende Undank ist der hinterhältige Undank.

Die Dialektiker meinen, das Böse sei auch Vortrieb des Guten – wie soll man sich das vorstellen?

Das Böse hat mindestens drei Dimensionen: Die Schwäche, die Versuchung, den Dämon.

Der Verlust einer Sache kann sehr schmerzlich sein. Der Verlust eines Menschen ist eine Strafe der Götter.

Wer in sich nur ein kleines Lichtlein trägt, es aber mit Großzügigkeit umhegt, kann doch viel Licht spenden.

Eine schwarze Perle entsteht wenn Mut auf Verzweiflung fällt.

Alle könnten und sollten es wissen, wer nach Macht und Gold strebt, dem folgt das Unglück in Tigerschritten.

Wenn du beharrlich in die Tiefe schaust, bringt dir jeder Tag ein kleines Geschenk und fünf klare Gedanken.

Das Gute und das Schlechte liegen dicht beieinander und nur ein Wimpernschlag die Entscheidung.

Die Götter haben wir verloren, aber den Halbgott Gesundheit wissen wir sehr zu schätzen, auch wenn wir keinerlei Opfergaben darbringen wollen.

Muße braucht es und Zuspruch, um die verweinten Gedanken aufzurichten.

Drogen sind Selbstverstärker, wer könnte das nicht brauchen?

Alles was gut tut sind Drogen. Die einfachste Droge ist ein schönes Stück Torte.

Auf eigentümliche Weise changiert die Seele zwischen durchsichtigem Wasser und schwarzem Stein.

Man kann das Glück überall suchen, wirklich überall. Aber nur auf einem kleinen Stück Erde finden.

Das kleine Glück ist die Abwesenheit von Unglück.

Es soll einen Schlüssel geben, mit dem man sein Glück zum Teil aufschließen kann. Der Schlüssel heißt Askese.

Der „gute" Tag braucht kein Glück. Er braucht nur freudig geschaffene Anlässe.

Das Unglück ist keine normale Pflanze. Es blüht selbst in den Spalten des Unheils.

Das Lied der Trauer wird begriffen am Ende des Anfangs.

Traurigkeit ist nicht nur die Stille und das versenke Atemholen, sondern es ist auch der kalte Regen und die Besinnung auf die innere Immunität.

Sind wir geboren um glücklich zu sein? Der Eine schleppt eine Pechspur, der Andere ein Fass Traurigkeit mit sich.

Es hat manchmal den Anschein, dass wir bloß auf der Erde sind, um dem Unglück davonzulaufen.

Manche Menschen haben ein sehr langes Leben hinter sich gebracht – und sind doch ein unbeschriebenes Blatt.

Das Gesicht ist das, was gesehen wird. Aber es ist nur ein Seidenstrumpf über den Abgründen.

Gesichter – das sind manchmal Gestaltungsversuche von guten und bösen Geistern.

Kann man im großen Strom des Lebens auf einer Filtermatte die feinen Goldkörnchen von Freude und Liebe ansammeln?

Melancholie und Wehmut sind die Entropie der Seele – das Wissen um die definierte Abnahme und den Verlust der Lebensenergie.

Glück ist ein Honigtöpfchen in das man nur selten hineinstolpert.

Selten ist das Glück, das das Herz völlig verwirrt.

D a s Glück gebt es nicht auf Erden. Aber man darf sie nie vergessen, die glücklichen Momente.

Das Glück ist wetterwendisch wie eine Mimose. Das Unglück aber kommt mit den breiten Stiefeln der Selbstgewißheit daher.

Wenn die Freude ein schöner Götterfunken ist, was ist dann die Melancholie? Der anhaltende Schmerz, die tiefe Trauer? Was ist von den Menschen, von den Göttern oder dem Teufel?

Freude ist der konzentrierte Nektar, den man von den Blumen der Alltagswiesen ernten muss.

Wenn die blaue Blume Sehnsucht, den blauen Vogel Glückseligkeit getroffen hat, wird schon lange Nacht sein.

Ohne Freude bist du ein Wesen. Mit Freude bist du ein Mensch.

Freude ist das Erahnen von Glück – auch in einem Wassertropfen.

Das aber ist das Größte: Liebe, Wahrheit, Freiheit. Liebe ohne Vorbedingung, Wahrheit ohne Einschränkung und Freiheit ohne Bitterkeit.

Es ist schon mysteriös, dass viele kleine Freuden nicht mit Vernunft zu begründen sind.

Freude ist die Überraschungsblume auf dem Klangteppich der Seele.

Ist das Unglück wirklich der Lackmustest für die eigene Persönlichkeit?

Die Erde ist ein Häufchen Universum, wo mehr gestöhnt als gelebt wird.

Ist Wohlbefinden die Grauzone zwischen gesund und krank sein – oder ist es relatives Wohlbefinden?

Die großen Gedanken, kommen sie aus dem Herzen, aus der Seele oder aus den Gehirnwindungen?

Sonderbar verworren ist die Identität des Ich – faktisch und hypo-
thetisch, diesseitig und jenseitig, verschlissen und synthetisch, ir-
real und surreal. Und immer angebunden an die Untiefen des
Schicksals.

Die Kraft und der Wille sind zwei ungleiche Geschwister – als
stammten sie nicht aus einem Haus.

7. Humor, Versöhnung, Lebenskunst

Das Herz ist kein geräumiger Friedhof, und die rote Pulswelle trägt vieles, aber nicht alles fort, und nur die Sanftmut kann alles verwalten.

Der Verführer ist mein Freund. Er sagt lächelnd zu mir: Iss noch ein Butterbrot! Der Verführer ist mein Feind. Er sagt lächelnd zu mir: Iss noch ein zweites Butterbrot!

Ein Optimist ist jemand, der mit einer Jolle einen Tanker in den Grund segeln will.

Immer haben wir mit dem Wechselbad zu leben: Ein Tag ist für mich, ein Tag ist gegen mich.

Das Schicksal hält meistens zwei Dinge parat: Den Schwimmring und die Nadel um ihn anzupieken.

Ist das Schicksal ein Roulette oder gibt es auch den Ärmsten eine Chance?

Der kluge Mann weiß, sein Kännchen Öl zu handhaben, mit dem er seinen Zorn besänftigen kann.

Sehr selten wird aus dem edlen Zorn und dem wilden Zorn der heilige Zorn, der die Welt positiv verändert.

Auch in dem größten Irrtum steckt manchmal ein kleines Fünkchen, das sich zu einem Stück Wahrheit anblasen läßt.

Vernunft ist dann vernünftig, wenn sie kreativ ist.

Wenn ich mich treffe, grüße ich mich behutsam, abwartend, mit einem Quäntchen Wohlwollen und einer Schöpfkelle Argwohn.

Lang ist es her, da hieß es, Tugend ist kostbarer als Ruhm.

Instinkte sind das Wissen der ersten und letzten Kategorie.

Wir sehen oft nur das Ziel. Dabei kann es unklar und fragwürdig sein. Der lange, schwere, schöne Weg aber ist entscheidend – das Leben.

Der Schwere des Seins steht die Leichtigkeit nicht immer diametral gegenüber.

Selbstliebe ist ein Weichzeichner, der Botoxinjektionen unnötig macht.

Riesig ist der Vorsprung des Denkbaren vor dem Lebbaren. Aber doch holen die Träume das Denkbare ein.

Wer in die Tiefe steigen will, muss die Oberfläche gut kennen.

Der erste große weiße Wintertaumel. Hell, unberührt, fleckenlos, friedlich. Niemand kann sich dem entziehen – weil wir so anders sind.

Das Beste am Winter ist nicht die Skipiste, der warme Ofen, der lange Abend, sondern die Gewissheit, dass sich die Erde bald länger der Sonne zuwendet.

Das Sicherheitsbedürfnis steht an erster Stelle: Höhle, Hütte, Haus, Burg. Und was fühlt der Mensch am wenigsten? Sicherheit!

Der Weg: Wenn du rechts abbiegst, wie willst du wissen, was links der Kreuzung liegt?

Wenn der Kluge und der Weise sich auf den Weg machen, kommt der Kluge ans Ziel, und der Weise spielt unterwegs mit weißem Sand.

Ist Freiheit nicht mehr als die Menge der erkämpften Freiheitsgrade?

Wer eine Reise macht, der sollte sein Herz offen und seine Börse versteckt halten.

Das Verlangen ist der Ursprung des Verderbens und der Anfang des Fortschritts.

Der Fuß und die Fußangel sind in intensive Symbiose getreten. Sie können ohne einander nicht aus kommen.

Es ist wohl unser Schicksal, dass unsere guten Vorsätze mit bösen Nachsätzen enden.

Der Gleichmut des Tapferen kann eine Schlacht entscheiden. Der Gleichmut der Weisen eine Epoche gestalten.

Wo kämen wir wohl hin, ohne das Bejahungsprinzip und ohne das „Trotz alledem".

Der Mut fängt da an, wo die Selbstüberwindung begonnen hat.

Zwischen zwei Abgrenzungen produziert sich die Vielfalt des Menschen. Zwischen dickem Fell und dünner Haut.

Erkenne dich selbst! Und du wirst Frieden und Unfrieden sehen.

Die einzige Sucht, die gesund und notwendig ist, ist am meisten verraten worden. Die Sehnsucht nach Frieden.

Die Sympathie für die Dritte Welt ist das schönste Almosen, das nichts kostet.

Gewissen, das ist die Ahnung, dass es am oberen Ende der Primatengattung ernst zu nehmende Verpflichtungen gibt.

Das Gewissen ist eine sonderbare Form von Mitgift – und so viele gehen leer aus.

Zum Vertrauen gehört von Anfang an Mut. Vertrauen ist zur Perle seltener Muscheln geworden.

Vertrauen ist das Risiko der Tapferen.

Alle Menschen, die unserer Meinung sind, sind liebe Menschen.

Es gibt Menschen, die ein Gewissen haben, solche, die keines haben und solche, die es nach Bedarf haben.

Selbstkritik ist das Schauspiel, das aus einem Lüstling einen Büßer macht.

Wer von Sieg zu Sieg eilt, hört die Opfer nicht.

Man kann nur aktiv oder passiv gut oder böse sein. Die vier Kategorien machen alles aus: Der Anteil von passiv-böse nimmt zu.

Aus der Geschichte lernen die Menschen so viel wie aus einer Prise Schnupftabak.

Wer Erfolg hat, hat die Schmerzen vergessen und glaubt, man könne Sterne pflücken.

Aus dem Jungbrunnen schöpft man Utopien und Träume. Aus dem Altbrunnen Gelassenheit – und eventuell Weisheit.

Charakter wächst nicht im stillen Kämmerlein, sondern auf dem Schlachtfeld des Alltags.

Viele leben nur, um das Leben zu fristen oder zu genießen. Wo bleibt das menschliche Gestalten?

Jeder Lebenstag ist eine kleine Stufe. Durchschnittlich dürfen wir dann etwa 14000 Stufen bergauf und nach der Mitte ebenso viele wieder hinabsteigen.

Nur nach Wohlstand und Luxus zu jagen, ist das wie das Tun eines nimmer satten Tieres? Machen nicht nur der Verzicht und die Liebe den Menschen aus?

Wer große Sorgen hat, darf auf kleine Freuden hoffen.

Man sollte es nicht glauben, es gibt Leute, die haben immer das richtige Wissen und immer den richtigen Standpunkt.

Der Schmerz ist der Pfad zur Demut. Demut ist der Pfad zur Tugend. Kleiner ist sie wohl nicht zu haben!

Begeisterung ist das Brennglas der Freude.

Heiterkeit ist die Gelassenheit der Sinne, dort noch Positives zu erkennen, wo die Wogen schon fast zusammenschlagen.

Heiterkeit und Gelassenheit sind die Krönung des täglichen Lebens. Auch wenn es nicht leichtfällt.

Musik ist nicht nur Leidenschaft. Sie ist auch Mathematik und Sphärenrauschen.

Humor ist kein Geschenk des Geistes. Es ist eine Gabe von Gefühl und Gemüt und den Kleinodsplittern des Zufalls.

Den meisten Erfolg haben immer die Kabarettisten, die sehr bissig sind. Es ist doch immer das Schönste auf Kosten anderer zu lachen.

Und alle Psychologie ist doch nur die Wanderung zwischen Sorgenherz und heiterer Seele.

Ein Held ist, wer einen starken Feind besiegt, sagt man. Ein wahrer Held ist, wer sich mehr als einmal besiegt hat.

Wenn das Leben lang genug ist, fallen die Blüten endlos.

Staub: Der Abrieb der Aktiven, die Vernichtung des Granits, das Zudecken der Gestorbenen, das „Ablagern" der Weisheit.

Und alles Leben ist doch nur einstweilen.

Das ganze divergente Leben ist eingebunden in das Zufallsnetz.

Lebensqualität – die Summe multifaktorieller äußerer und innerer Einflüsse auf das Wohlbefinden des Manschen, gefiltert durch die Brille von Dys- und Euthymie.

Man schält den Lebenssinn Schale um Schale und sucht den Kern. Die Schalen wachsen wieder und wieder nach. Und wenn man sehr alt wird, denkt man, es ist wohl doch nur das Nachwachsen.

Wie schlimm es auch kommt, man sollte den Sand seiner Lebensuhr nicht in den Wind streuen.

Viele kleine Lichter können eine große Helligkeit erzeugen, aber kein Leuchtfeuer.

Nur wer heftig übertreibt, kann sich bemerkbar machen!

Licht ist nicht nur das Gewebe gegen die Nacht. Es ist auch der Atem des Glücks.

Bis Dreißig ist das Leben ein flotter Ritt bergan. Bis Sechzig gemäßigtes Plateau und dann ein hurtiger Galopp dem Ende zu.

In der Kindheit ist die Umwelt voll erfassbar und verinnerlicht. Später wachsen die Mikro- und Makrowelt ins Unendliche. Wir werden fremd auf eigener Erde.

Die Weisheit der Unschärfe – sie trübt den Blick für die eigenen Fehler!

Lebenskünstler machen aus einem Unentschieden einen Sieg, aus einer Niederlage ein Unentschieden und aus einem Sieg ein Weltereignis.

Das einfache Leben ist nicht einfach. Und das ewige Leben soll nur voller Sonne sein?

Wir kommen aus dem Nichts und gehen in das Nichts. Unser Ziel ist fragwürdig, aber unsere Möglichkeiten sind groß.

Das Leben ist mysteriös. Aber das wahre Mysterium ist der Tod.

Kein Abschied ist ohne Trauer – man wird einen anderen Menschen wiedersehen.

Der Musen beliebtestes Anregungsmittel und Purgatorium ist der Humor.

Das Leben besteht immer wieder nur aus einem Tag – heute!

Herbst – die faszinierendste Zeit des Jahres. Ernte und Tod fast untrennbar miteinander verbunden.

Sich selbst erkennt man so schwer. Doch wie beschwerlich erst im Strom der Zeit.

Alles fließt, und wo ist der Fels, auf dem ich baue? In der Hoffnung wird Treibsand Felsen sein.

Die Taube Hoffnung fliegt in das Dunkel des Morgens ohne Glauben.

Das Leben ist wie das Licht, nicht Quantenteilchen und nicht Welle.

Und doch muss man dem Leben manchmal seinen Lauf lassen. Es hat alles seine Zeit.

Wer heftig Ehre sucht, wird meistens Ehre verlieren.

Manche haben eine Leiche im Keller, und manche haben ein moralisches Ossarium (Beinhaus).

Auch im glänzenden Kelch der Posaune kann das Schweigen wohnen.

Der Sinn es Lebens ist der Weg – der mühsame (steinige) Pfad zur Erkenntnis, der suchende Weg zur Liebe.

Zwei Dinge sind der Sinn des Lebens: Lieben und geliebt zu werden und zu denken, bis Erkenntnis wahr wird.

Die Labilität des Menschen (der Frauen)ist eine seiner größten Stärken und eine unterschätzte Wunderwaffe.

Ach wie bequem lebt es sich doch im Stadium der Faulheit und des Unverstandes.

Faulheit befördert selbst bei klugen Menschen die Dummheit.

Der Optimist kennt das Leben nicht, oder er hat sehr lange Glück gehabt.

Das Boot der Optimisten ist leicht und schnell mit flachem Kiel. Das Boot der Pessimisten ist breit und schwer, und sein langer Kiel fürchtet den Grund.

Der Optimismus versiegt, die Hoffnung versiegt, aber der Glaube trinkt an göttlichem Quell.

Pessimismus ist das Weinen der Optimisten, die die Welt erkannt haben.

Das Gewissen ist eine besondere Form von Mitgift – und so viele gehen leer aus.

Gleichgültigkeit ist die Moral derjenigen, die ihr Gehirn betäubt haben.

Ein junger Mann baut sein Haus aus Steinen. Ein alter Mann aus den Spinnweben der Erfahrung.

Der Mensch besteht aus Krummholz und meint, er wäre eine Edeltanne.

Selbstkritik ist das Schauspiel, das aus einem Lüstling einen Büßer macht.

Menschen, die nicht lachen können sind wie Spieluhren, die man nie aufzieht.

Der Schlaf ist die so sonderbare Mischung zwischen abgeschaltetem Rausch und kleinem Tod.

Alle suchen unablässig nach dem Paradies, dabei wissen wir doch alle, dass wir es für immer verloren haben.

Die Philosophie – hilft sie beim Leben, hilft sie beim Sterben? Wohl nur mit Autosuggestion!

Viele, die etwas bereuen, tun so, als würde eine Katze einen Fisch wieder ins Wasserglas zurückgeben.

Klug wird man nur, wenn man in alle Richtungen schaut. Überall dorthin, wo das Licht ist.

Drei Perspektiven sind „gottgewollt": Eine Chance- und wenn sie noch so klein wäre. Die Weiterentwicklung – und wenn sie noch so gering wäre. Die Schönheit – und wenn sie noch so zart wäre.

Was heute eine Wahrheit, kann morgen schon eine Halbwahrheit und übermorgen eine Lüge sein.

Erfahrungen sind die solide Fettschicht des Lebens. Sie kann für alles Mögliche gut sein.

Heiterkeit und Gelassenheit sind die Krönung des täglichen Lebens. Auch wenn es nicht leichtfällt.

Nur mit der Poesie kann man das Herz gleichzeitig zum Lachen und zum Weinen bringen.

Lache heute, denn morgen bist du tot.

Erfahrungen können wie eine rosarote Brille sein. Sie machen das Leben einfacher, aber nicht besser.

Intuition ist nicht Zeitrafferdenken, sondern ein überraschendes Synapsen-Chaos.

Die Leichtigkeit des Seins beschäftigt die Philosophen. Die Schwerkraft des Seins die Psychiater.

Ein gutes Wort kann manchmal Steine brechen.

Unser Leben beträgt etwa das 27.000-fache einer Eintagsfliege. Wir sollten uns also um das Wesentliche kümmern.

Wenn wir feststellen, wir sind im Leben angekommen, dann haben wir bereits den ersten Tropfen des Schierlingsbechers getrunken.

Dialektik – das dynamische Gefälle zwischen Glücksgefühl und erstickter Träne?

Wenn es gelingt, dem Traum seine Zwiebelschalenjacke auszuziehen, sieht man vielleicht die Brandstellen des Vortages.

Erinnerungen sind vorwiegend ein Labsal. Wovon sollte ein alter Mensch sonst leben?

Das Nachtgespräch des Menschen mit den Sternen ist so alt wie die Menschheit.

In die großen und kleinen Särge sollen sie versenkt und begraben werden, die großen und die kleinen Sorgen.

Niemals können wir die großen Dinge Liebe, Tod und Ewigkeit ganz „aus- denken". Doch aber sind die Deutungsversuche unerlässlich.

Faulheit als Energiesparmodus bringt leider kein Licht.

Tag-Wunschträume werden je zur Hälfte vom Teufel oder von den Engeln geritten.

Niemand ist arm, der etwas zu verschenken hat. Und wer könne nicht etwas Liebe verschenken.

Eine Laudatio ist ein Dessert für Leute, die meist schon überfüttert sind.

Der größte Lohn des Lebens – für seine Gesundheitssünden nicht bestraft zu werden.

Man lebt nicht nur von Brot allein. Man braucht auch noch etwas Belag. Und wer mehr will, muss wohl die geistigen Reserven aktivieren.

Wenigen gelingen die Oszillationen der Unverdrossenheit zu einem heiteren Weg des Aufstiegs.

Freiheit ohne Moral ist wie ein Hund ohne Schwanz.

Es ist bitter sich entscheiden zu müssen: Entweder Freiheit oder Gerechtigkeit!

Man kann leichter eine Welle einfangen, als eine Verleumdung aufhalten.

Das Leben ist etwas für Schwerathleten, man kann es aber trotzdem wie eine Feder behandeln.

Das Leben könnte besser laufen, wenn es eine Generalprobe gäbe – und danach dürften wir noch einmal anfangen.

Das Leben ist manchmal wie eine Alchimistenküche. Alle wollen Dukaten destillieren und gewinnen doch nur Hartpech.

Ist das Leben das, was man er-fahren hat, mit dem Fahrrad, der Eisenbahn, dem Auto oder dem Hosenboden?

Das Leben ist leider wie der Fall aus großer Höhe. Zum Ende hin geht es immer schneller.

Entsteht Bildung wirklich aus der sonderbaren Mischung von Fleiß, Charakter und Intelligenz oder ist nicht auch das Herz ein wenig beteiligt?

Verstehen heißt, jemandes äußere Schale knacken zu können, ohne ihm weh zu tun.

Rache soll ja so süß sein. Aber hat sie nicht auch den Nachgeschmack des Richters?

Wenn der Schmerz vergeht, kann sich vielleicht eine kleine Pforte der Weisheit etwas öffnen.

Wer aufhört zu lügen stirbt – oder wird weise.

Die Wahrheit wird immer wieder gefiltert oder gepresst – durch die Medien, die Opportunisten, die Geschichte. Aber die Zeit bringt ihr ihren Glanz zurück.

Die Wahrheit ist kurz – und die Irrtümer sind wie ein Gummiband.

Da es keine absolute Gerechtigkeit gibt und nie geben wird, kann der Defekt nur durch maximale Empathie gelindert werden.

Das Leben sind die Mühen der Ebene und Reisen die Hügel mit Fernsicht.

Optimisten machen das Leben schöner als es ist. Skeptiker können die Fallstricke besser vermeiden.

Mindestens dreierlei Mitgift haben die Philosophen: Die Lehren von der Gelassenheit, von der Resignation und der Dialektik.

Das Leben altert, aber der Tod ist ewig jung.

Das ganze divergente Leben ist eingebunden in das Zufallsnetz.

Bis Dreißig ist das Leben ein flotter Ritt bergan. Bis Sechzig gemäßigtes Plateau und dann ein hurtiger Galopp dem Ende zu.

Leben ist – Form zu geben und zu gestalten. Sich selbst und das Sein.

Der Abend hat zwei Geheimnisse: Das Mysterium der Nacht und die Verheißung eines glücklichen Tages.

Unser Leben findet auf einer Ober -, Unter – und Mittelbühne statt. Und wir spielen dort immer ohne Rollenbuch und Souffleur.

Humor ist wie ein großer Baum. Aber nur bestimmte Stellen haben ein sehr behagliches Plätzchen.

Wo mancher Gefühl und Puls „anflotten" muß, ist der Choleriker gezwungen, einen Sonnenschirm für den Gefühlschatten aufzuspannen.

Jede Seele braucht ein optimistisches Wurzelwerk und ein silbernes Glasperlenspiel.

Kann das sorgsam genährte Schwert des Geistes einen dunklen Wald von Vorurteilen lichten?

Es ist merkwürdig, dass manche Menschen so in ihrer Heimat verwurzelt sind, dass schon kleine Entfernungen Faserrisse in den Wurzeln erzeugen. Während andere ihr Kosmopolitentum breitbrüstig vor sich her tragen.

Wenn unser Leben ein Traum ist, wie wird unser Erwachen sein?

Die Menschen unterscheiden sich in zwei Hauptkategorein: Die einen wollen früh nicht aus dem Bett, die anderen wollen abends sehr früh hinein.

Wenn sich das Haar versilbert, sollte man aus dem goldenen Henkeltöpfchen Lebenserfahrung etwas Honig saugen können.

Wer sein Lebensboot „leichtern" will, muss schon Wesentliches versenken.

Wie schlimm es auch kommt, man sollte den Sand seiner Lebensuhr nicht in den Wind streuen.

Ein großer Feldherr muß für den Sieg kämpfen wie ein Löwe, für den Frieden aber wie ein Teufel.

Altern heißt Zeit ansammeln und sich irreversibel verändern. Nicht zu altern, heißt Zeit ansammeln und klug werden.

Erst kommt das Wachstum, dann der Fall. Dann der Verfall, dann die Auflösung, dann die Neuordnung – oder die komplette Entropie.

Mit einem frohen Herzen kann man viel Licht festhalten.

Planung – der Versuch, in das Weichtier Zukunft Stahlstäbe einzuziehen.

Wenn die Erinnerung allmächtige Bilder schafft, kann sie zur Ahnherrin der Zukunft werden.

Lesen ist die simpelste Form, vom Hirn, Herzen und Schweiß eines Autors zu profitieren.

Säen ist Optimismus. Und Optimismus zu säen, ist der Götter würdig.

Politik – dort ist der Balzplatz für Worthülsenproduzenten, die ein Wahlvolk suchen, das ihnen trotz allem immer noch glaubt.

Wenn dein Gemüt einen Schnupfen hat, dann trink zwei Glas Wein, wenn dein Gemüt eine Grippe hat, dann trinke zwei Glas Grog.

Lebenskünstler machen aus einem Unentschieden einen Sieg, aus einer Niederlage ein Unentschieden und aus einem Sieg ein Weltereignis.

Optimist zu sein wird einem geschenkt. Pessimist zu sein, muß man sich erarbeiten.

Es gibt Probleme, die wir lösen wollen, die es gar nicht gibt. Solche, die auf Geschichtsfälschungen beruhen und solche, die unlösbar sind. Und auch solche, die wir gern gelöst hätten, um unsterblich zu werden.

Genie ist die Fähigkeit, mit kleinen Schritten Grenzüberschreitungen in neue Dimensionen zu machen.

Die Wahrheit ist schön, die Lügen sind schön und die Ungewissheit ist fast genauso schön.

Wenn es einen Weg in den Himmel geben sollte, dann nur durch ständige Läuterung.

Argumente sind die mit Argusaugen bewachten eigenen Überzeugungen.

Diktatoren – sie sitzen im goldenen Machtmantel auf dem Lügen-
thron, und die Militärs schmieden die Schwerter.

8. Trauer, Krankheit, Tod

Im höheren Alter drängt sich die Frage auf, ob sich die Intelligenz wie ein Hase oder wie ein Igel verflüchtigt.

Auch unter dem Alterslinnen Schwermut, wächst ein vierblättriges Kleeblatt.

Wer sehr viel erfahren und tief in sein Inneres hineinhorcht, der kann manchmal das leise Sensen des Todes hören.

Die Trauer schläft – wie Nester der Schwalben am Ufer, wie das Schallfeld der schweigenden Glocke, wie das Wissen um die verdrängte Krankheit – wartend auf den ersten und den letzten Sommertropfen.

Trauer ist die bittere Anbindung an den Tod, um das Leben neu zu gewinnen.

Im dunklen Pokal Trauer ist am Boden immer ein kleiner Tropfen Balsam oder Honig, der den Schmerz lindern kann.

Trauer ist der dunkle See Abschied, aus dem man verändert auftaucht.

Trauer ist der Urschmerz der Seele, der sich aller Deutung entzieht.

Trauer ist ein schwerwiegender Eingriff. Sie schneidet ein Stückchen Leben ab und gibt ein Stückchen Empfindsamkeit zurück.

Vielen Betroffenen ist die Melancholie ein schönes Stück Traurigkeit.

Der Schmerz ist nach dem Tod das Persönlichste allen Eigentums.

Wohl einmal im Leben ist der Schmerz größer als das Feuer.

Die Kummerdiestel verstreut ihre Samen im Alter besonders bereitwillig.

Ein alter Mensch ist wie ein verfärbtes Herbstblatt. Man sollte das Abfallen mit Respekt und nicht mit Geschrei begleiten.

Wenn ein Seelenschmerz das Leben arg behindert, nimm getrost einen größeren Schluck aus dem dunklen Glas der Melancholie.

Richtig zu trösten schließt die Erkenntnis ein, vielleicht Gleiches erleiden zu müssen.

Die Tröstungen der Welt wiegen ihren Kummer gar selten auf.

Der Krieg macht den einen zum Empfänger einer tödlichen Kugel und den anderen zum Generalissimus.

Wer am Körper krank ist, dem gelingt nicht vieles. Wer an der Seele krank ist, dem gelingt gar nichts.

Die Krankheit wächst auf dem sublimen Nährboden der Gesundheit fort und fort.

Gesundheit ist Glück. Das Glück der Harmonie aller inneren Kräfte.

Genauso wenig wie man sein eigenes Gewicht bemerkt, so sieht man auch nicht seine eigenen Schwächen.

Medikamente sind auch heute noch eine Mischung aus Alchimie, Magie und Wissenschaft.

Wenn man eine Krankheit wählen sollte oder müsste, sollte man das per Verstand oder per Lotterie tun?

Wann summieren sich eigentlich die „ Krankheiten" des Hypochonders zu einer echten Krankheit?

Eine Krankheit folgt der anderen, und sie alle sind die gezähmten Vorboten des Todes.

Winter und Tod haben eine fatale Gemeinsamkeit: Die Hektik hat ein Ende.

Das ganze Leben ist nicht ohne Krankheit. Und Krankheit ist nicht ohne Tod – so einfach.

Der Tod ist gewiss, die Stunde ungewiss – also lebe wie ein Irrer!

Das kleine Herz, das große Herz, das alte Herz, das liebend Herz; sie alle sterben, ohne zu wissen warum.

Wenn sie dann kommt die lange Stille, wird sie gewellt sein wie ein atmendes Meer? Und wird sie leuchten wie ein verschneiter Mond?

Schwer wiegt das Rätsel des guten und des schlechten Todes.

Muss man den Tod mit allen Akzenten kennen um das Sterben zu lernen?

Auch der Kasper und der Narr sind Gespielen des Todes.

Ein kleines Stückchen Tod hockt auf jedem Patientenstuhl.

Ist der Tod das große Ziel des Lebens? Die Umformung, der Neuanfang, die potentielle Verbesserung? Die da großspurig am „ ewigen Leben" basteln, sie haben keine Vorstellung von den Potenzen der Evolution.

Es gibt den Tod als Feder – oder als Hammer!?

Wer den Tod achtet, wird das Leben besser verstehen. Wer das Leben achtet, wird den Tod besser begreifen.

Auch wenn der Tod so radikal ist. Nichts geht verloren, niemand fällt ganz aus der Welt.

Mit unseren drei Toden haben wir uns noch nicht sorgfältig eingerichtet: Der zeitweise Tod – der Schlaf. Der langsame Tod – das Altern. Der reale Tod – das Umverteilen der Atome.

Tod: Und wenn dann der Abend gekommen ist, wird sich die Seele verabschieden in den Raum von Licht und Ewigkeit.

Der Tod ist die Ewigkeit und der Vater des Anfangs.

Im Abnutzungskrieg der Gesundheit schaffen es wenige, die letzten Reserven zu mobilisieren.

Besser in der Hölle geehrt, als im Himmel erniedrigt, sagte der Teufel und nahm ein Bier aus dem Kühlschrank.

Psychoanalyse ist leider eine Leidenschaft, die doch so manche Leiden schafft.

Bei bestimmten „Gesundheitsexperten" hält sich der Wunderglaube, man brauche nur etwas mehr die „Kräuterweiblein" oder das Handauflegen zu aktivieren, und alles wäre bezahlbar.

Der Schmerz ist ein wohl zu Unrecht diskreditiertes Phänomen. Er ist ein sicheres Zeichen dafür, dass wir noch leben.

Wird es das große Glück nach dem Tode sein, nur noch die zu treffen, die man geliebt hat?

Tod: Und wenn dann der Abend gekommen ist, wird sich die Seele verabschieden in den Raum von Licht und Ewigkeit?

Trotz allen Computer- und Fortschrittsgeschreis, die Wirkmächte Schicksal und Tod bestimmen komplett das Leben der Menschen.

Wenn man zweimal sterben könnte oder müsste, wer hätte wirklich etwas davon?

Auch wenn wir Mnemosyne – der Göttin der Erinnerung – viele Tempel errichten würden, Freund Alzheimer läßt sich wohl nicht überrumpeln.

Nimmt der Tod den letzten Herzschlag oder die letzte EEG-Welle mit? Und wie will er das verwalten?

Der Menschen Ziel ist das süße Leben. Der Menschen Bestimmung ist der Tod.

Anhaltende Trauer besänftigt den Verstorbenen und den Trauernden.

Trauer hat den langen Weg des dunkelschweren Honigs. Mit dem Schmerz entsteht die Süße des Verblassens.

Das Lied der Trauer wird begriffen am Ende des Anfangs.

Am Ende des Lebens möchten doch alle wissen, ob der Übergang eine Drehtür oder eine Falltür ins Helle oder Dunkle ist.

Der Kranke weiß, dass ihm die Gesundheit fehlt. Der Gesunde weiß nicht, dass ihm die Gesundheit in Kürze fehlen wird.

Gesundheit heißt nicht, an Gesundheit zu „leiden", sondern im Tal der Ahnungslosen zu wandern.

Am Anfang war das Wunder, am Ende ist die Metamorphose.

Kann ein langer Winter mit dem heiligen Schnee und dem weißlinnenen Hemd ausreichend vorsorgen für die lange, besondere Fahrt?

Eine besondere Affinität für Homöopathie, Astrologie, Handauflegen, Wünschelruten hat das aufgestiegene Präkariat entwickelt.

Wenn im Süden die Sonne volltrunken und müde die Nacht einweiht, dann weiß man, dass sie Schlimmes hatte sehen müssen.

9. Bildung, Kunst und Kultur

Ein Gedicht ist erst dann sinnhaft, wenn es mindestens zwei lyrische Impulse und drei Deutungen bietet.

Um Worte innerer Verdichtung öffnen zu können, musst du auch die dünnsten Seidenfäden bewältigen.

In eins wird alles verdichtet: Gefäß und Inhalt, Musik und Formel, das Gute und Böse – in das Wort.

Jeder engagierte Schriftsteller schreibt mit leicht verdünntem Herzblut.

Ein Dichter verknotet so lange merkwürdige Gedanken und banale Wörter miteinander, bis daraus Gewebe mit Leuchtkraft wird.

Die Lyrik lebt von opferbereiten, geschichtstrunkenen, seelisch beschwerten Worten, die weit aus der Ebene ragen.

Wer die Wahrheit sagen will, muss eine gute Rüstung und ein sehr schnelles Pferd haben.

Aus Bildung kann man nicht nur Trost, sondern auch einigen Nektar saugen.

Nicht mit den Atomen des Lichts, sondern den Atomen des Geistes ist der Mensch mit dem Himmel verbunden.

Wer nie von den Eleven Schweres verlangt, sondern nur Leichtes, ist heute ein guter Pädagoge.

Wer intensiv von den Besten lernt, wird nie zu den Schlechtesten gehören.

Wie viele Romane sind doch eine langweilige Mischung von Narzissmus, Psycho- und Sexopathie.

Eleganz ist die sonderbare Woge der Verschwendung, die wie ein Gesetz daherkommt.

Ein gutes Buch ist eine Freude. Ein sehr gutes Buch ist eine Erleuchtung.

Und manchmal fehlt die Tiefe. Das Wort ohne Gefühl, das Glück ohne Namen, das Bekenntnis ohne Seele.

Mühsam ist es im dunklen, großen Wald nach der Alraune Erkenntnis zu suchen.

Je mehr Information, desto mehr Halbbildung.

Wie oft am Tag kränken die Medien dein Auge und dein Ohr?

Die Menschen werden die ganz tiefen Erkenntnisse wohl erst erlangen, wenn die Flüsse bergauf fließen.

Als wir den Teufel leugneten, erfanden wir die Dauerverbrechen in den Print- und Bildmedien.

Die Medien prügeln das Sensorium, bis es leer ist. Und der Teufel hilft ihnen dabei.

Ein Aphorismus ist der Angostura-Spritzer im Wörtercocktail.

Der Aphorismus ist vieles. Aber eines ist er sicher nie: umfassend oder endgültig.

Nimm nicht den oberen oder den unteren Weg, die führen oft ins Unglück. Nimm den mittleren Weg, der führt zu den Vorfahren.

Lügen, die oft genug wiederholt und durch die Medien vervielfacht werden, sind in kurzer Zeit kapitale Wahrheiten.

Die Lieblinge der Medien bekommen immer ein zu schönes oder zu hässliches Kostüm. Nie das angemessene.

Der Mensch, diese eigentümliche Mischung aus Herz und Seele, Liebe und Todschlag, Blut und Kot; welcher Dramatiker hat ihn so erschaffen?

Jene, die die tiefsten Wunden schlagen, haben meistens eine Lindwurmhaut.

Vor Gott und dem Teufel – und unter dem Messer – sind alle gleich.

Wenn Gefühle durch Dekorationen ersetzt werden, ist die Dekadenz auf dem besten Wege.

Im Zentrum stand da Heiligste. In unseren Zentren stehen Kaufhäuser. In unserem Zentrum steht nur das Ich.

„Unsterblich" ist nur, wer aus politischen oder ideologischen Gründen dazu verdammt wurde.

Luxus ist alles Mögliche. Aber niemals ein gutes Buch?

Kultur ist für die Elite. Popkultur für das Volk. Daran muss doch etwas zu ändern sein!

Musik kann gleichzeitig das Herz und die Seele berühren, obgleich so körperlos und hilflos in der Zeit verrinnend.

Früher beinhaltete Kleidung auch Festgewand, Pflichtanzug und Büßerhemd. Heute sind es graue Wegwerfklamotten.

Aus Bildung kann man nicht nur Trost, sondern auch Nektar saugen.

Kunst ist das gleichzeitige Spiel des Menschen mit der Idee und der Form.

Silbern leuchten Tautropfen – wegen der Tränen der Nacht!

Wenn die Nacht die dunkle Seite des Tages ist, warum passieren dann dort die schönsten Dinge?

Wenn man die „moderne" Kunst sieht, glaubt man, dass die wahre Kunst göttlich ist.

Ein großer Teil der heutigen „abstrakten" Kunst ist in hohem Maße unprofessionell, absurd und unverschämt.

Poesie ist mehr als der blühende Kirschbaum vor dem Krankenzimmer. Es ist das Zirpen der Grille und Jubilieren der Amsel in einem.

Ein gutes Buch ist eine Welt. Ein sehr gutes Buch ist ein Weltall.

Die große Bücherwand: Dort stehen sie, die Freunde, die immer zuhören und auch geduldig antworten, auch wenn die Fragen falsch sind.

Logisch zu denken, heißt solide, strenge Abfolgen zu leisten. Aber einfach zu denken, bedeutet auch die schönsten Träume zu erlauben.

Denken heißt Neues denken. Mit Angst vor dem Unbekannten und Mut zu Zweifeln und Fehlern.

Wenn der Alltag endlich sein Dunkel aufschließt, dann kommt vielleicht die Erkenntnis.

Wir suchen nach der Erkenntnis mit Wort und Metapher, mit Zahl und Formel. Aber wir verstehen nichts vom Ursprung der Dinge: Von der Ewigkeit, von Gott und nicht vom Tod.

Denken heißt, nach Trinkwasser zu suchen: Nach der fast trüben, naheliegenden Quelle, nach dem brauchbaren Uferfiltrat, nach nitratfreiem Grundwasser – und nach der tiefen Urquelle.

Wie man so denkt: Ich blicke zurück und glaube, ich denke. Ich meditiere, und halte das für Denken. Ich konstruiere eine methodische Spirale und glaube, die Spitze ist ein Ergebnis des Denkens. Ich werfe die methodische Konstruktion meines Versuches in das Wasser der Unkenntnis, und wenn sich die Wogen geglättet haben, habe ich vielleicht gedacht.

Fernsehen ist leider so oft eine wundersame Mischung aus Dummschwätz und Bonbonbild.

In den Wüsten des medialen Treibsandes, wo sind die festen Burgen des Anstandes geblieben?

Und manchmal fehlt die Tiefe. Das Wort ist ohne Gefühl, das Glück ohne Namen, das Bekenntnis ohne Seele.

Wenn die Natur auch viele Fehler macht, sie gleicht sie unendlich variabel wieder aus.

Das Leben ist ein einziges Abenteuer. Und Reisen ist eine Steigerung desselben.

Der Wunder sind gar viele. Der Wunder merkwürdigstes ist der Mensch.

Von der Beschaffenheit des Essens sollen auch die Taten abhängen. Wie viel Gutes haben die Vegetarier schon über die Menschheit gebracht?

Die Blumen des Herbstes erfrieren im Sommer wenn sie nicht an sich selbst glauben.

Viele Wörter haben eine schwarzdunkle Schale, und es bedarf der Vertiefung, um zu ihrem wahren Kern vorzudringen.

Worte sind auch Taten. Sie sind Erfolgsprodukte der Zunge.

Man kann auf der Welt viele große Schätze bergen. Zu den größten gehört der Kulturschatz der deutschen Literatur.

Seltene Wörter gibt es, deren wahre Bedeutung erschließt sich erst nach Jahrzehnten.

Aphorismen sind wie Weine, frisch oder milde, solide oder aromatisch, leicht oder schwer, ohne Nachklang oder doch nachhaltig.

Im Spinnennetz der Worte ist es beschwerlich, schillernde oder erhellende Sätze abzubilden.

Die Gewalt des Wortes liegt darin, dass sie eine Maske hat, aber auch eine innere Wahrheit.

Die Schönheit gehört zu den merkwürdigen Pfeilern der menschlichen Wahrnehmung. Sie hat eine subversive Kraft, die so oft unterirdisch wirkt.

Wider alle Erwartung besteht das Universum nur aus zwei Quellen: Kraft und Schönheit.

Die ewigen Rätsel des Jenseits und des Universums, sind sie gleichermaßen unlösbar?
Die Zeit ist der Stoff des Lebens, aber das Leben ist nicht das Futter der Zeit.

Alles, was war und ist, die Freude und das Leid, das Elektron und der Kosmos – und auch die Zeit, sind irgendwann des Todes!

Wenn die Schönheit ein ultimativer Wert ist, warum ist sie nicht zu fassen und wird von jedem anders gesehen?

Die Kulturen der Vergangenheit sind das Lebenswasser, das man aus tiefen Brunnen schöpfen muß.
Weil unsere Sprache so einen großen Überfluss hat, ist es so schwer, das Tiefe, das Richtige zu filtern.

Die Sprache der Sprache ist die Sprache der Bilder, des Geistes und der gelebten Geschichte.

Wenn aber unsere schönen deutschen Wörter von dem ständig bösen Missbrauch ihrer Benutzer wüssten?

Banalisierung und Kunstgeschmack „nach unten", das ist der Zug der Zeit.

Für viele ist die Kunst wie eine Flasche Wein. Für viele andere nur ein saurer Krätzer.

In dem Moment, wo ein Stil die Massen erreicht, wird er Kult und sei er noch so jämmerlich.

Die vertiefte innere Anschauung der Natur kann ein so zartes Pflänzchen wie Religiosität wachsen lassen.

Kunst, das ist kein einfacher Schweinebraten, das ist ein Wildgericht mit dem Hautgout des gelebten Lebens.

Die Beliebtheit der Krimis nur ein intellektueller Spaß oder Reste des archaischen Lusttriebes der Fleischfresser am Töten?

Literatur, die semantische Anhäufung von Buchstaben, aus der sich unter Umständen viel Sinnhaftes herausfiltern läßt.

Und in des tiefen Wortes Dunkel blüht manchmal eine Rose auf.

Das Lebenselixier von Kunst und Literatur scheint immer noch der Tod zu sein.

Die tüchtigsten Geschichtsschreiber erklären den Ablauf der Geschichte hinterher so, wie er in ihren Köpfen vorher gewesen ist.

Licht ist nicht nur das Gewebe gegen die Nacht. Es ist auch der Atem des Glücklichen.

Kultur ist die unausgesetzte Bereitschaft, etwas für die innere und äußere Weiterentwicklung zu tun.

Die Geschichte ist ein großes Haus mit einem großen Raum, der ständig neu tapeziert wird!

Der Reisende will die Welt erleben und trifft auf sich selbst und viel Vergangenheit.

Wie oft besteht die moderne Kunst doch nur aus kalligraphischen Notizen!

Erst mit der Schrift wurde der homo erectus zum homo „sapiens": Hören – schreiben – bewahren – beglücken – oder verteufeln in Permanenz.

Aufschreiben heißt, Wissen zu bewahren, vermehren, quadrieren, in die Potenz zu setzen – und Revolutionen zu erzeugen.

Wer alles sieht, sieht nichts richtig. Wer alles bereist, hat nur sein Herz beruhigt.

Viele glauben, dass die Kunst Schwingen hätte – aber der Kitsch klebt doch so saftig am Boden.

Wenn die Kultur und Politik in einem Bett schlafen, gibt es sehr selten schöne Kinder.

Es hat den Anschein, als könnte große Kunst die Zeit sowohl verkürzen als auch verlängern.

Wenn man die moderne Kunst sieht, glaubt man oft, dass die wahre Kunst göttlich ist.

Ein nicht geringer Teil der „abstrakten" Kunst ist in hohem Maße unprofessionell, absurd und manchmal auch unverschämt.

Die wahre Kunst werden die Künstler aller Bereiche nur gestalten, wenn sie ihre Beseelung glaubhaft weitergeben können.

10. Glaube, Religion und Wissen

Als der Mensch sich der Natur bemächtigte, gestattete sie ihm das Sattwerden, nicht das Wohlbefinden.

Die Nordsee ist ein schlafender Riese mit struppigem Bart, rau geht sein Atem mit Ebbe und Flut. Die Ostsee ist eine launige Nixe. Ihr Schwanz streift die goldenen Buchten mit launigem Spiel.

Die vertiefte Anschauung der Natur kann so ein zartes Pflänzchen, wie Religiosität, wachsen lassen.

Der zweite Sündenfall: Als das erste Stück Papier mit den Lettern der Sünde beschrieben wurde!

Als der Mensch erstmals begann Gedanken aufzuschreiben, hatte er mehr gewonnen als das Prometheus´sche Feuer. Und so wurde er ein Feind der Götter.

Die Menschen wollen glücklich sein wie die Götter. Aber die Götter sind nicht glücklich. Es gibt sogar einen Kriegsgott.

Gottvater würde die Welt erweitern zu großen neuen Ufern. Gottmutter würde die Welt erhalten im ewigen Wechsel der Zeit.

Es ist spezifisch menschlich etwas anbeten zu wollen. Daran, was uns heilig ist, läßt sich alles ablesen.

Der Weg zu den Sternen ist rau. Für den Hausgebrauch haben wir das Planetarium geschaffen.

Nur drei Wurzeln schufen das biologische Grundprogramm des Menschen: Erkennen der Sinnzusammenhänge, Kreativität und ein Gefühl für das Schöne.

Wird das Leben zweifach bewacht? Vom Gott über Leben und Tod und von der Göttin über Schönheit und Unglück?

Es gibt keinen Gott? Es gibt die Gestaltung, die Ordnung des Universums, die Schönheit der Evolution und den Anfang des Ewigen. Aber es gibt keinen Gott?!

Die Seele so rätselhaft: Ein ultrafeines „Titangespinst", ein Schwingungszustand der Kernteilchen oder doch nur eine winzige, individuelle Grasharfe – unverwüstlich in Raum und Zeit?

Unsere Seele ist eine zarte Feuerstelle, die mit und ohne Nahrung brennt.

Und trotz allem: Am Ende wird die Seele ihre Traumflügel weit ausbreiten und viel mehr sein als ein Higgs-Bozon.

In alten Zeiten ist nicht nur Aphrodite, sondern sind auch die Helden mit schimmernder Rüstung dem Meer entstiegen.

Der Atem des Meeres ist die Brandung – und wenn es wirklich spiegelglatt ist, kann man das Lächeln des Universums sehen.

Die Furcht hat einen großen Platz im Herzen der wahren Helden.

Zweifel ist der Motor der Entwicklung. Sicherheit die Wurzel inneren Wohlbefindens. Die Sicherheit scheint den Fortschritt auszuschließen.

Die wahre Geschichte des Menschen ist nicht die Geschichte von Kriegen, Epidemien oder Katastrophen, sondern die Geschichte von Ideen.

Zufall – ist das wirklich Schicksal oder nur Unkenntnis der minimalen Anfangsbedingungen?

Die Seele hat nur ein Hemd aus lichtenen Fasern. Wie ist sie da gegen das dunkle Kalt geschützt?

Die Seele ist in einem schweren Dilemma, sie kann nicht abhärten. Und wenn sie es doch tut, wird sie zu Stein.

Ist die Seele das individuelle Ich oder das bessere Bewußtsein?

Wenn die Seele frei ist, ist der Mond heller als die Sonne.

Die Seele kann nur auf Wanderschaft gehen, wenn sie eine Heimat hat.

Die Seele köchelt auf dem Feuer der mittelgroßen Befindlichkeiten und der abgenutzten Worte.

Bei aller Wissenschaftsbegeisterung, den Weltzusammenhang, wie sollte man ihn ohne Fantasie erfassen können?

Gene – In gut bewachte Tresore gehören sie: Samenkörner und Gene haben die Vergangenheit und Zukunft gespeichert.

Wir suchen nach de Erkenntnis mit Wort und Metapher, mit Zahl und mit Formel. Aber wir verstehen nichts vom Ursprung der Dinge, von der Ewigkeit und nichts von Gott.

Wenn dann der letzte Schlaf beginnt, weht dann kühl die Ewigkeit oder ist es das sommerwarme Wehen des Unendlichen?

Wer wenig intelligent ist, lernt das Notwendige. Wer intelligent ist, möchte das Wispern der Pythia enträtseln?

Eine Sprache lernt man aus Überzeugung, aus Not oder einem verliebten Spiel.

Die Sprache ist dem Menschen gegeben zum Kommunizieren, zum Verstehen, zum Denken – und zum Verbergen seiner Gedanken.

Die Sprache muß verarmen, wenn der Jugendwahn ganze Sprachseiten der Altvorderen auslöscht.

Von allen Dingen hat das Meer den stärksten Duft von Leben und Ewigkeit.

Wer die runden, glatten, gemaserten Steine des quirligen Baches, des strandenden Meeres beharrlich sammelt, wird ihn eines Tages finden, den Stein, der ihm eine Weisheit zuflüstert, ihm allein!

Der Mensch – unter den Sternen entsetzlich klein, doch riesengroß in seiner kleinen Hütte.

Viel wichtiger als die Überzeugung ist der Zweifel.

Die einfache Wahrheit ist, was auf der Hand liegt. Die höhere Wahrheit ist, was sich beweisen läßt. Die kristallene Wahrheit ist, was die Seele berührt.

Die schönen Momente sind erst dann die schönen Momente, wenn sie vorbei sind.

Da dem Menschen nur wenig Wissen und Instinkte „eingebaut" wurden, muss er sein ganzes Leben lang lernen – welch eine Herkulesaufgabe.

Das Denken besteht nicht nur aus dem Vor – und Nachdenken, aus dem Be -und Rückdenken, sondern vor allem aus dem Innehalten.

Im passiven Endlos – zwischen Yin und Yang lebt Resignation. In der Dualität zwischen Plus und Minus, zwischen Mann und Frau lebt die Synthese.

Denken, das heißt, dass man weiß, wie man von A nach B kommt, aber doch bei C landet.

Denken – das kann der erfolgreiche Kampf sein gegen Einsamkeit und Vergessen.

Tausende Wissenschaftseleven haben versucht, den Frosch aufs Maul zu küssen, aber nie ist die goldene Prinzessin der wegweisenden Erkenntnis entschlüpft.

Wer Wichtiges erkennen will, muß seine Forschersuppe immer schön am Köcheln halten. Und eines Tages entspringt einer großen Blase vielleicht die neue wichtige Idee.

Die Erfahrung ist ein in Jahrzehnten erworbener wertvoller Schatz. Aber heute ist er zu nichts mehr zu gebrauchen. Was kann man schon von Gruftis und Kompostis erwarten?

Die Wahrheit hat zwei Köpfe. Einen sinnlichen und einen geistigen. Und sie hat viele Gesichter.

Die Wahrheit ist kurz und die Irrtümer sind wie ein Gummiband.

Die Wahrheit ist der Tod der Unterwürfigkeit.

Braucht der Mensch die gläserne Wahrheit oder nur ein mitfühlend Herz?

Die innere Wahrheit ist zum Glück viel wichtiger als die äußere. Sie kann von den vielen derzeitigen Geschichtsfälschern nicht umgedeutet werden.

Wenn die Sieger deine Geschichte fälschen, musst du sie wieder Stein für Stein aufbauen.

Weniger ist mehr: Erfahrung wächst durch Verlieren. Reichtum wächst durch Verschenken. Und die Liebe wächst durch Entbehren.

Mit der Fackel der Wahrheit die ältere Vergangenheit auszuleuchten ist nicht schwer. Bei der jüngeren Vergangenheit ist es schwer und bitter. Bei der Gegenwart schmerzhaft und meistens unmöglich.

Kreativität ist nicht nur die wirksamste Methode, Haus und Auto zu bauen, Nanotechnologie zu entwickeln, sondern auch die Fähigkeit, anerkanntes Wissen und Tun elegant zu unterwandern.

Der Mensch – das wahnhafte Wesen mit dem großen Dünkel über sich selbst.

Dunkel ist des Menschen Wesen, dunkel ist sein Wissen. Deshalb sind seine Traumgebilde lichtgewobene Feen und Engel.

Falls wir dahin kommen sollten, den letzten Winkel unseres Bewusstseins auszuleuchten, hören wir auf Mensch zu sein.

Eine Persönlichkeit ist ein Mensch, der das Herz hat, unpopuläre Weisheiten auf der Zunge zu tragen.

Es ist nicht schwer ganze Wälder, Länder und Erdteile zu verändern. Die Gestaltung des neuen Menschen ist über die Konzeption noch nicht weit hinaus gekommen.

Das Uralte: Ich denke, also bin ich, kann man leider nie umkehren.

Am Anfang war das Wunder. Am Ende die Metamorphose.

Wer die Wahrheit lange genug gesucht hatte und glaubte, sie gefunden zu haben, merkt, dass sie unnennbar ist.

Und auf jedem Eimer Wasser, der dem Brunnen der Erkenntnis entnommen wurde, fließen immer wieder zwei Eimer nach.

Die Wahrheit ist erst dann wahr, wenn sie von den Medien verunstaltet wurde.

Jedes Jahr unseres Lebens verlieren wir etwas Substanz. Wer schleppt diese Beute davon?

Philosophen zeigen uns viele richtige Wege. Aber welcher ist nun der richtige Weg?

Intuition – sind das die rätselhaften Tiefen oder ist das die magmatische Ursuppe des Gehirns?

Wissen und Fortschritt sind eine Kette von den Alten zur Jugend. Oft genug droht sie zu zerreißen.

Weisheit ist das sehr mühsam erworbene wissende Nichtwissen.

Die Weisheit – ist sie weniger wert als sie Erleuchtung?

Die Wissenschaftsprognosen haben eine merkwürdige Trefferquote. Entweder sie sind weit voraus oder sie sind weit zurück.

Der Weg der Wissenschaft läuft nicht nur über viele Stolpersteine, sondern vor allem über kleine und große Enttäuschungen. Da erst wächst das kleine Pflänzchen Erkenntnis.

Wie sollte das Wissen wachsen ohne die tiefschürfenden Zweifel?

Die Schöpfung der Natur ist das Einfache, Positive. Die Schöpfung des Menschen ist polyvalent und dialektisch. Eine sprungbereite Mischung aus Gut und Böse.

In der Zahl Zwanzig steckt der erweiterte Bauplan des Lebens. Zwanzig Aminosäuren – alle Zellen, alle Tiere, alle Menschen!

Wer viel weiß, ist ein Wissender. Wer Besonderes weiß, ist ein Gelehrter. Wer die Menschen kennt ist ein Weiser.

Die Weisheit ist über dem Gewissen, und die Geschichte ist über der Weisheit.

Weitsicht – ein Phänomen der menschlichen Optik, die Fähigkeit des homo sapiens vorauszuschauen, die subtile Fähigkeit Unheil vorherzusehen?

In den Seelen, auch der verstorbenen Völker, waren die unsterblichen Lieder der wogenden Steppe, der gletscherweißen Berge und der berstenden See.

Weihwasser – vom Teufel so gefürchtet, die Atheisten kennen es nicht mehr.

Es ist sicher ein gravierendes Problem der Moslems anzunehmen, dass Mohammed a l l e Worte Allahs richtig verstanden und a l l e s richtig aufgeschrieben hat.

Der Mensch ein Zeichen – deutungslos und deutungsschwer – in so oft dunkler Zeit.

Dort, wo gar nichts mehr ist, ist immer noch ein kleines Plätzchen für Gott.

Der Gott, der das Meer schuf, hat auch alle anderen Wunder geschaffen.

Lesen – das schlichte Abtasten von Buchstaben – es bedeutet, das Schönste und Beste sich aneignen zu dürfen; also ein fast göttliches Geschenk zu erhalten.

Die endlosen Schmähungen der Schule kommen u.a. von Querköpfen, einseitig Begabten, Autisten und Schwererziehbaren. Muss die Pädagogik noch einmal neu erfunden werden?

Die Wissenschaft hat die Skepsis heute so hochgepuscht, dass fast alle Sinnreserven aufgebraucht wurden.

Die Philosophen zeigen uns viele richtige Wege. Aber welcher ist nun der richtige Weg?

Die Philosophen sind von Natur aus melancholisch. Geplagt von dem Heimweh nach der wahren Erkenntnis, dem Seelenfrieden und der höheren Wiedergeburt.

Es gibt Probleme, die wir lösen wollen, obwohl es sie gar nicht gibt. Solche die uns die Medien ständig einreden wollen. Solche, die auf

Geschichtsfälschungen beruhen. Solche, die unlösbar sind. Und solche, die wir gern gelöst hätten, um unsterblich zu werden.

Prognose: Was sich nicht verschlimmert, hat sich gebessert. Den Rest erledigt die Zeit.

Entwicklung: Zuerst war das Wort – die Kommunikation, dann das Feuer – Wärme und Technik. Und dann kam der rapide Fortschritt: Vom Faustkeil zur Atombombe.

Reform – das ist häufig das Auf-Den-Kopf-Stellen dessen, was sich bewährt hat.

Denken heißt Neues Denken. Mit Angst vor dem Unbekannten und Mut zu Zweifeln und Fehlern.

Denken verläuft immer in geregelten Bahnen. Nur das Neu-Denken kann verschlossene Türen öffnen.

Dialektik – das dynamische Gefälle zwischen Glücksgefühl und erstickter Träne.

Viel wichtiger als die Überzeugung ist der Zweifel.

Auch bei einer missglückten Reise überwiegt der Erkenntnisgewinn.

Reisen ist das Überprüfen von Vorurteilen, Erobern des Neuen, Reduzieren von Fremdheit.

Reisen an die Kindheitsstätten ist wie ein alter gesegneter Wein – Gefühle in allen Facetten.

Das Leben ist ein einziges Abenteuer. Und Reisen ist eine Steigerung desselben.

Der Weg zur Erkenntnis ist schwer. Und die großen futuren Möglichkeiten öffnen die Tore des Nichtwissens noch weiter.

Auch wenn wir Tag und Nacht vom Baum der Erkenntnis futtern würden, wir kämen doch nie auf den Grund.

Wir haben den Weg aller Weiterentwicklung verstanden? Dinosaurier, Affe, Mensch – warum?!

Die Bewusstseins – und Entwicklungstiefen im Leben sind wie gedämpfte Schleudertraumen.

Die Menschen verstehen die Welt so, wie ein Hund eine Katze und eine Katze einen Hund versteht.

Das Erkennen des Jenseits ist genauso hoffnungslos, wie das Erkennen des Universums.

Die größte Daseinsminderung ist die innere Unfreiheit.

Vor sehr langen Zeiten war Luzifer der Lichtbringer. Als Überbringer der Erkenntnis wurde er zum Satan.

Wo das Meer und der Himmel sich vereinen, ist nicht das Ende der Welt, sondern der Anfang der Erkenntnis.

Das Sein der Welt ist der Raum. Das Sein des Menschen ist die Zeit.

Die Weisheit ist über dem Gewissen und die Geschichte ist über der Weisheit?

Die, die sich über die Existenz der Hölle nicht sicher sind, glauben zumindest daran, dass es dort Blumen gibt.

Am Rande des Erhabenen turnt die Unvernunft.

Wie jedes Auge einen blinden Fleck hat, so gibt es auch in der Seele starke Empfindungsschatten.

Der Frühling ist nicht die Folge des Winters und die Ahnung des Sommers. Er ist der Aufstand der Sehnsucht.

Unwissenheit ist ein Weg zum Glück, wenn sie ein sehr hohes Niveau erreicht hat.

Wissenschaft ist nicht das Aufstellen und Auswerten von Tabellen und Fakten, sondern die unausgesetzte Suche nach der verborgenen Wahrheit.

Viele wissenschaftliche Arbeiten sind: Zu einem Drittel neu, zu einem Drittel neu aufpoliert und zu einem Drittel neu – ohne jeglichen Nährwert.

Ein Workaholic ist ein Mensch mit äußerst eingeschränkter Wahrnehmung – er kennt nur seine Arbeit.

Der Gute bereut, der Böse genießt die Fehltaten.

Wenn Menschen gefallene Engel sind, sind sie dem Teufel sehr entgegengekommen.

Religiosität ergibt sich unveränderlich aus der vertieften Anschauung der unendlichen Natur.

Wenn das Schicksal das Lebenssilber dunkelt, du es aber mit dem Schweiß der Anfechtung polierst, wird es eines Tages leuchten wie ein Spiegel.

Von Gott ist der Reichtum, von der Natur die Vielfalt, von den Menschen so oft das Elend.

Das Mysterium des Bösen – ist es die Schattenseite Gottes oder der zweite Motor der Evolution?

Viele Menschen glauben, sie seien der letztendliche Grund des Seienden; wohl ein bisschen viel getrunken?!

Die Mutationen mit ihrer abrupten Fehlerhäufigkeit haben uns wohl den reichsten Entwicklungsmotor geschenkt.

Der Durst nach Erkenntnis, auf der untersten oder obersten Stufe, macht erst den Menschen aus.

Nicht die Erde, das Feuer, der Himmel, sondern das Wasser ist das Symbol des Ewigen.

Des Lebens Baum möchten wir gern bis in den Himmel wachsen lassen. Aber die Kapillaren der Wurzelkraft und Erkenntnis entfernen sich erbarmungslos.

Wir glauben so sehr an die zeitgeschichtliche Wahrheit. Wenn diese aber den uralten, erfahrenen Kern verliert, dann ist sie auf Treibsand gebaut.

Warum wissen die Menschen heute alles besser? Weil sie seit Jahrzehnten am Verblödungstropf der Fernseh- Infusion hängen.

Im Diskurs sollte man in der Larve des Anderen den Schmetterling suchen.

Jongliert die Grenze zwischen Gut und Böse wirklich nur auf eines Messers Schneide?

Die letzten Jahrzehnte haben den Wissenschaften zunehmend evidente Klarheiten und Erfolge geschaffen – und die Kälte hat sich verdoppelt.

Die Flamme des Christentums scheint heute zu erlöschen, wie ein Feuer aus Sauerstoffmangel.

Am Ende der Endlichkeit wird da der kleine blaue Schmetterling Seele den Abflug bewältigen?

Wenn die Sonne und der Mond sich vermählen, ist es nicht weit bis zur Ewigkeit.

Die Seelenlehre kämpft ziemlich hoffnungslos gegen die Seelenleere.

Kann die Seele fleckenlos sein, da sie eine Drachenhaut hat, die sich häutet? Kann sie bluten – zur vollen Erneuerung?

Ist die Seele das individuelle Ich oder das bessere Bewußtsein?

In wie vielen Fällen sind das Faktische und das Ideelle doch nur schielend in einem Bereich zu vereinen.

Abschied nehmen ist ein bisschen Sterben. Um wie viel schlimmer ist der Verlust der Heimat!

Die Heimatsprache ist das Glockenspiel der Erkenntnis, der Freude, des Schmerzes und der Geborgenheit.

Wie oft setzt doch das Denken aus – im Glück und in der Bosheit.

Wer seinen Alltag und sein Leben als ein Wunder betrachten kann, der gehört zu den Glücklichen.

Nichts hören, fühlen und sehen, keinerlei Sicherheit zu haben und trotzdem an etwas zu glauben – des Menschen größtes Privileg.

Der Mensch des Feuers wurde ein Riese. Und den Stein des Sisyphus trägt er in einem Rucksack klaglos.

Der Bedarf an Unbewusstem, an Mystik ist so groß, wie die Seele unsicher und menschlich ist.

Auch die größten Menschen haben eine kleine zitternde Seele.

Immer haben wir in Deutschland ganz Große gehabt, die Wissen eingeatmet und sehr viel mehr Wissen ausgeatmet haben.

Die große Vorstufe zur tiefen Erkenntnis ist das wissende Nichtwissen.

Denken verläuft immer in regelten Bahnen. Nur das Neu-Denken kann verschlossene Türen öffnen.

Denken ist die zweitschlimmste Sache. Noch schlimmer ist das Nicht-Denken.

Dialektik ist der Versuch, aus einem Wellental und einem Wellenkamm eine glatte See der Erkenntnis zu machen.

Ein echter Optimist kennt das Leben nicht – oder er hat sehr lange Glück gehabt.

Aurora – die Morgenröte – scheint den Wissenschaften erst wieder, wenn zur Emphase die Opferbereitschaft kommt.

In allen steckt etwas von allem. Vielleicht geht das bis zu den Dinosauriern zurück.

Auch in der großen Stille ist es schwer, das Wesen zu verlassen und das Sein zu erkennen.

Vielleicht besteht das Universum doch nur aus zwei Quellen: Kraft und Schönheit.

Setzt sich die große Wahrheit wirklich aus den vielen kleinen Einzelwahrheiten und den getilgten Lügen zusammen?

Der Mensch ist zweifellos unsterblich – denn an der Metamorphose des Organischen gibt es keinen Zweifel. Über das Nachseelische hat noch niemand Auskunft gegeben.

Nonsens ist kein Unsinn, sondern die Befreiung des verwalteten Geistes.

Wenn aus allen Irrtümern Weisheiten entstünden, könnte auch ein Narr ein Weiser werden.

Die Vergangenheit bestimmt das Wissen. Die Gegenwart das Handeln, die Zukunft die Visionen.

Futurologie ist der Versuch, aus Unkenntnis der Gegenwart, die nebulöse Zukunft in Zahlen zu gießen.

Nur wer die Vergangenheit wirklich besitzt und die Gegenwart klug gestaltet, wird der Zukunft gewiss sein.

Gewissen, das ist die Ahnung, dass es am oberen Ende der Primatengattung ernst zu nehmende Verpflichtungen gibt.

Die Blumen des Bösen riechen nicht nur gut, sie sind auch unsterblich.

11. Das Leben und die Zeit

Die Erde ist ein Häufchen Universum – wo mehr gestöhnt als gelebt wird.

Selten genug wird auf dem Gabenteller der rosige Apfel der Gelassenheit verteilt.

Wer es denn kann, ist zur Geistschöpfung verpflichtet – es sei denn, er verzichtet auf einen Teil Menschwerdung.

In der ubiquitären Schnellverfügbarkeit aller Dinge, wo sind sie denn geblieben die echte Treue, Beständigkeit und Zuverlässigkeit; geschweige denn Erhabenheit?

Nicht die Posaunen der Herolde, sondern die Stille der Vergebung bewirkt den wahren Frieden.

Um wie viel steigert sich Einsamkeit, wenn man allein ist?

Und immer wieder ziehen die Kraniche davon – und das geschenkte Jahr war nur voll halber Frucht.

Der moderne Mensch soll zunehmend ein Produkt der Rückentwicklung sein. Der rabiate Kunst- und Werteverfall spricht arg dafür.

In dem Moment, wo ein Stil die Massen erreicht, wird er Kult und sei er noch so jämmerlich.

Der Kommunismus wird immer scheitern, weil die Unfreiheit zu wirtschaftlicher Inkompetenz führt und die Nomenklatura durch Korruption und Nepotismus das Land moralisch aushöhlt.

Immer wieder gibt es Politiker, die glauben sagen zu müssen, zwölf Jahre Faschismus, davon sechs Jahre Krieg, seien wichtiger als 2000-3000 gelebte Jahre des deutschen Volkes.

Einen Krieg zu verlieren ist ein Desaster. Aber nach einem verlorenen Krieg zu einem Sklaven zu werden, ist eine bleibende Schande.

Und wenn auch die Tauben die Ölzweige des Friedens in ganz Europa verbreitet haben, der Unfrieden nährt sich an fremder Brust.

Die Menschenwahrheit ist meistens bitter – sie entstand nach dem Auszug aus dem Paradies.

Das Militär ist der Krückstock der Gutwilligen, der Prügel der Machtgierigen und das Dynamit der Entarteten.

Die Zerrüttungen der Welt beginnen damit, dass jemand die Macht teilen muss.

Der Krieg ist von allem das Schlimmste, weil er immer die Ehe von Tod und Teufel ist.

Welch schöne Pflicht des 21. Jahrhunderts: Immer humaner, immer hilfs- und opferbereiter. Welch schöne Illusion!

Die grünen Weltverbesserer werden nur dann richtig vorankommen, wenn sie die ganze Welt grün anstreichen.

Das Merkwürdige an der Welt ist, dass sie nur partiell böse ist. Man kann sie also doch richtig lieben.

Der Kommunismus lebt durch seine christliche Sozialanleihe immer noch. Dabei hatten die Unfreiheit und die Verbrechen biblische Dimensionen.

Fortschritt ist Dimensionsverschiebung, wobei der Gewinn (oft) mit Verlust oder Angst bezahlt wird.

Fortschritt ist Zeitgewinn, damit die Mehrheit aus Langeweile Blödsinn machen kann.

Fortschritt ist nicht Theorie und Praxis des Schneller, Höher, Weiter, sondern auch die beharrliche Ablehnung des Bewährten.

Fortschritt ist nicht nur das Vorankommen, sondern die Behauptung, dass etwas Neues etwas Besseres sei.

Mindestens 90% der Entwicklung des Fortschritts bedeuten Kampf gegen die Mängelliste des Menschen.

Die Teufelsquaste mit Pech und Schwefel, hat sie nicht schon die Friedenstaube gezeichnet?

Fanatismus – dieser gefährliche Bastard aus Geist und Gewalt.

Die niemals Wind säen, müssen oft viel Sturm ernten.

Zeugen sind sichere Zeichen der Vergangenheit und Gegenwart. Wird ein Kind gezeugt, wird es Zeuge und Zeichen der Zukunft.

Jeder Krieg ist nicht nur ein furchtbarer Schiffbruch, sondern auch der Untergang so vieler, edler Ideen.

Q u e r e l a   p a c i s, die Klage des Friedens, wird auch dann nicht gehört, wenn alle Sirenen sie schrill verkünden.

Die Zerrüttungen der Welt beginnen damit, dass jemand die Macht teilen muss.

Jeder Krieg hat eine tierische Unsinnigkeit, die auch durch die beste Propaganda nicht schöngefärbt werden kann.

Jedem Verrat kann ein Blutverlust innewohnen – bis zum Tode.

Der Humanismus verbreitet sich über die Jahrhunderte nur wellenförmig und antithetisch. Und ein relevantes Niveau ist bis heute nicht erreicht.

Weil die Wünsche der Menschen so unendlich sind, hat deshalb die Zivilisationsentwicklung eine Exponentialfunktion?

Am Anfang war die Zeit, dann wurde das Licht geboren, dann die Evolution und dann kam die Winzigkeit: Homunkulus Mensch.

Nichts ist – außer der Zeit. Und wenn sie um ist, ist das Fragen beendet.

Selbst den Göttern ist es versagt: Das Wissen um den dunklen Ursprung der Zeit.

Die Zeit ist der Faltenumhang, in dessen Nischen soviel Erinnerung verschwindet, die kaum zu wiederbeleben ist.

Der Ursprung der Zeit muss die allererste Bewegung gewesen sein. Und diese hat wohl einen „göttlichen" Impuls!

Eingebunden in den unmessbaren Bruchteil einer Sekunde und in die Ewigkeit, vergeuden wir unsere Zeit.

Unser Besitz auf Erden ist unser Ich und die geliehene Zeit. Carpe diem!

Die Last der Freizeit ist die freie Zeit. Was ist damit nur anzustellen?!

Das Pendel der Zeit schlägt immer gleich. Und doch rast die Zeit davon.

Die Zeit ist der Stoff des Lebens, aber das Leben ist nicht das Futter der Zeit.

Über die Zeit vergeht a l l e s. Und doch ist manches ewig.

Die Zeit ist ein Ungeheuer. Am Anfang war die Zeit, und vor der Zeit war nichts.

Ist nicht die Ursache allen Glücks und allen Unglücks die Zeit?

Manche glauben, wenn sie die Erde ein wenig kennen, würden sie das Universum verstehen.

Steht der Mensch in der Mitte des Nichts- und des Alls? – Und ist er auch ein Evolutionshöhepunkt mit Alleinstellungsmerkmalen in der Galaxis?

Die Zeit ist ein Engel – und ein Teufel. Und die Brosamen des Mittags liegen in der Mitte.

Die wissende Uhr verletzt die Stille. Sie verrinnet das letzte Sandkorn. Sie ist Abenteuer, Zeuge und Notar des Todes.

Besitzt das Universum Ordnung und Zweck aus sich heraus, ist alles Zufall oder doch göttliche Fügung?

Der komplett leere Raum ist nicht vorstellbar. Dann wäre das totale Vakuum also eine Erfindung des Teufels?

War die Ewigkeit schon vor dem Anfang? Oder nach aller Zeit?

Die bildende Zeit hat die Gebirge abgetragen und die Täler und Auen und Wälder geschaffen. Wer hat ihr das gewiesen?

Die Menschen werden zunehmend Riesen an Bedürfnissen und Zwerge an Gefühl.

Die Seele braucht nicht nur ein Dach, sie braucht ein Haus, das beleuchtet ist.

Viele Politiker würden für eine gute Demoskopie dem Teufel ihre Seele verkaufen.

In welch verwaschene Kleider, ausgediente Jacken, alberne Schals kleiden sie oft ihre Gedanken – die Politiker. Wo bleibt die festfröhliche Kleidung des ergreifenden Wortes?

Warte lange genug – und aus dem Rebell wird ein Selbstherrscher.

Immer wenn der Winter kalt und hart genug war, singt der Frühling im Blut.

Die meisten Bergsteiger verstehen die garstigen Mühen der Ebene nicht.

Was dem Einen der Flügel des Pegasus, ist dem Anderen der Bleifuß am Gaspedal.

Die Kassandrainformationen der Medien – mit massiver Regierungsunterstützung – bewirken zunehmend ein Wissensdesaster, eine komplette Verunsicherung und eine nicht zu übersehende, steigende Suizidrate.

Zu den „Großtaten der Verdrängungskultur" gehört die totgeschwiegene Trauer über die eigenen Kriegstoten.

Soll man essen, wenn es Zeit ist zu essen? Soll man schlafen, wenn es Zeit ist zu schlafen? Muß man sterben, wenn es Zeit ist zu sterben?

Die Globetrotter, die sich überall wohlfühlen, sie haben wohl ihr Herz mitgenommen, aber sie haben einen Teil ihrer Seele verloren.

Kann man das Recht wirklich dehnen wie einen Blasebalg, um es sich „bekömmlich" zu machen?

Die Richter, die nicht mehr richten, brechen sie das Gesetz oder die Menschlichkeit.

Die Schlaglöcher der Straßen werden heute gut weggefedert. Die Schlaglöcher des Lebens schlagen meistens durch.

Die große Gefahr für alle Gutmenschen ist, dass sie mindestens aus dem siebenten Himmel verstoßen werden.

Die Gutmenschen verströmen den sonderbaren Geruch abgehobener Selbstherrlichkeit.

Wenn du eingekreist bist von lauter Gutmenschen, ist es schwer einen Tunnel in die Normalität zu graben.

Auf der Zeitschiene des Lebens fahren die Züge mit den unterschiedlichsten Geschwindigkeiten.

Der Ruhm ist wie ein Ruf in den Wind. Er verdünnt und er verhallt.

Sanftmut und Edelmut haben im Himmel einen großen Freund.

Der Raum der Zeit ist nicht der Raum des Todes.

Schon vor dem Urknall muss es eine Zeit gegeben haben. Da aber keine Materie dagewesen sein soll, war es also eine leere Zeit!

An Anfang wären also das Nichtsein und eine leere Zeit gewesen. Die Physiker und Philosophen haben noch viel zu erklären und zu erforschen.

Die Zeit ist ein Ungeheuer – am Anfang war die Zeit, und vor der Zeit war nichts.

Es ist erstaunlich, dass viele Wissenschaftler glauben, dass Wissen das Glück befördere.

Die Polypenarme der Wissenschaft saugen am Mikro- und am Makrokosmos, am Banalen und am Philosophischen. Nur mit dem Irrationalen haben sie große Probleme.

Die Wissenschaft ist der Wahrer, Verwalter und Mehrer des historischen, präsenten und zukünftigen Wissens. Warum nur ist die Aneignung und Verteilung so problematisch?

Will man auch nur ein kleines Stückchen Welt begreifen, muss man mit dem asketischen Denken beginnen.

Sollte es wahr sein, dass nur die Unglücklichen und die mit Schmerzen in die Tiefe denken können?

Es gibt das richtige und das falsche Denken und das Denken derer, die immer Recht haben.

Wissenschaft ist nicht das Aufstellen und Auswerten von Tabellen und Fakten, sondern die unausgesetzte Suche nach der verborgenen Wahrheit.

Ein gutes Essen, ein guter Trunk, ein guter Schlaf, das sind schon die Blumen des Lebens – und wehe, du pflückst sie nicht.

Wer nach Luxus und Wohlstand strebt, ist wie ein lustfressendes Tier. Wer Verzicht übt und nach Erkenntnis strebt, wird ein Mensch?!

Mit dem Verlust der Bürgerlichkeit ging auch die Schicklichkeit baden.

Die Zukunft ist nicht das Leben hinter der großen Wand, sondern das Hemd, das ich morgen tragen werde.

Manche Menschen lassen immer wieder durchblicken, dass sie nicht nur hundert Jahre alt werden, sondern noch viel älter.

„Unsterblich" ist nur, wer aus politischen oder ideologischen Gründen dazu verdammt wurde.

Schuldüberladen und traurerunfähig – Deutschland, wann findest du deine Seele wieder?

Das Wunder – Deutschlands langer Weg: Stammesfehden, Kleinstaaterei, Verrat und Intrigen, zweimal ein Weltenbrand, feige Unterwerfung und doch das Wunder der Wiedervereinigung.

Schwere Dialektik für die Deutschen: Richtig arbeiten und richtig genießen!

Gedichte

Eiland

Mit grünem Samt bestickt,
mit weißem Fels und goldnem Thron
gestellt ins helle Ostseeblau.

Die dunklen Wiesen schaumgesäumt,
die Bodden in des Windes Kehlung.
Die Buchen, Eichen himmelwärts
mit Runen harter Stürme
und alter Sagen Blut.

Es strandet die Erinnerung
wie karger Fischer Boot.
Und brandet mit der Wogen Gischt
die Wehmut auf, wie münzgehämmert
bleicher Himmel.

Erinnerung

Und in den späten, tiefen Träumen,
wenn auf des langen Lebens Grund
auftaucht ein leuchtend gläsern Bild,
von Heimat und der Jugend,
ist auch der Mutter Ruf.

Sein

Nur wenig Magma unter
des Fußes Wölbung.
Nur blättern Lied des Finken
über gebrochenem Eis.

Nur Abendhauch der
schweigend Trauer.

Und doch das unverwüstlich
Samenkorn der Liebe.

Insel im Mittelmeer

Die Zweige beginnen zu tönen,
fast wie kleine Glocken aus Glas.

Die Träne der schmalen Hirten
trocknet der Frühlingssonnenglanz.

Und schon bricht auf
des Hibiskus schwellendes Rot.

Herbst

Wenn der Herbst
so schwer wie Blattgold ist
und mostesschwer die Früchte platzen,
siehst du die Blätter fallen ahnungsschwer.

Fast weihrauchschwanger deine Zeit.
Der schwirrend Saite Moll
Löst sich im Feenhorizont
und deine Jahresringe verzehren sich
im Schnelldurchlauf.

Abschied

Lieblich war sie und schön
wie die rosig getränkte Quelle der Nacht.

War auf ihren Lippen der Jasmin –
und der Nachtigallenlaut?

Sie reichte zum Abschied die Hand mir
wie einen Mondenzweig.

Und keine Träne war in der Schwermut
des schwarzen Südwinds.

Die Kiefern

In des berstenden Sturmes Gewalt,
sie stützen der Dünen wirbelnden Sand,
sie sieben der Gischt das salzige Korn,

rostbraun die Borken, wie Krusten des Brotes,
tiefe Mäander, so freud- und leidvoll geboren.
Falle von Wind und Sand und dem Geiste des Wassers.
Stückweis von Kinderhand übend zu Schiffen geformt,

aber schützend verdeckt die tiefen, goldenen Tränen,
zu Amber geronnen, der Zeit und der Erde versprochen,
leuchtend dem Hals der Schönsten vermählt.

Mönchgut

Auf dem Südufer bleich lag die Sonne so groß.
Aus zwei Ewigkeiten bestand das Meer:
Ein unendliches Wasser und ein unendlicher Spiegel.

Spazieren ging darauf mein Herz,
ein tanzender Fuß, und polierte die Spur
mit der Erinnerung glücklicher Tränen.

Der Traum

Es war der durchsichtige Traum, als die
Silberweide voller T rauer hing,

und der Nachtmond wehte den letzten Hauch
deiner warmen Haut davon,

Jetzt glänzt schon die Ferne auf
hinter dem dritten, blauen Horizont.

Unter dem Ruch des Pinienharzes
breitet die salzige Gischt

die letzten Kristalle aus
des Vergessens.

Die Zeit

Wohl läuft die Zeit als Schnecke
und als galoppierend Pferd,

wohl feiert sie das Glockenspiel der Winde
und auch der Geigen feinste Harmonie,

doch nie den Feiergang. Und volle Ruh sie übt
selbst bei dem letzten Schlag des freien Herzens.

Levante

Der Libanonzedern duftendes Holz,
des Maghreb feinste Leinen und Tuche,
die herrlichen Waren aus Ton und aus Erzen.
Aber vor allem die Kunst des Schreibens,
die hochragende n Tempel, das sichere Fließen
des kalten Wassers.
Das Lesen der Sterne, das sichere Rechnen der Zahlen,
das Studium der Menschen, der Demokratie,
der Philosophie und Mathematik.
Und alles bei dräuenden Wassern, Frühjahrs-
und Winterstürmen, Boreas, Neweras, Gota frias, Schirokkos.
Der Seeleute Tod aber war ohne Zahl.
Oh, wie klein sind die Zwerge auf
den Schultern der Vorfahrn.

Mare Mediterraneum I

Die siebente Woge masseschwer
auf tiefem Riff sie brandet blausaphir.

Und atmet mit den Algen, Quallen,
Fischen in vollen Wirbeln.

Und wirft sich blausmaragd als lange Dünung,
sonngetränkt dem weißen Ufer zu. ,

Sie trümmert Scherben aus der Kulturzeit früh,
und ihren dunklen Atem an die gebleichten
Gestade – ahnungsvoll.

Mare Mediterraneum II

Mit deinem silber- und blauen Flies haben sich alle bedeckt,
die Helden des Peleponnes, die Händler Kleinasiens,
die Räuber aus Kreta, die bärtigen Fischer der Levante.

In mannshohen Krügen geliefert den Wein aus Samos,
samtenes Öl und goldenen Weizen von Ägyptens strotzenden Feldern,
wucherndes Gold und Stangen von Silber aus Nubiens
hitzestarrenden Wüsten, Barren glänzenden Kupfers aus Cypern.

Lapislazuli und das höchstbegehrte Zinn für die todbringenden
Bronzen aus dem Altai. Herrliche Terrakotten und Vasen von den
griechischen Inseln.

Und alles auf schwankenden Booten mit großen sonngebleichten
Lateinersegeln bewaffnet.   Mit kostbaren Opfergeschenken und
lauten
Gebeten die Götter anrufend – ohn' Zahl,

sind doch die azurnen Küsten gesäumt mit zerschellten Booten
und ungezählt und namenlos bleibt sie aber, die Menge der
geopferten Menschen.

Mare Mediterraneum III

Sonnenvertäut sind die leuchtenden Ufer,
von den rollenden Wogen heftig begehrt.

Von Herbstwolken und Tornados der
Spiegelazur verwundet.

Im Schüttelfrost springt die bleierne Flut
an die Gestade aus Fels.

Doch in golden- und silberner Pracht sich
stapeln die Früchte der Campesinos und Pescadores
zu Hauf.

Aber im Abgrund tost das glutmäulige Beben der Erde –
die geliehene Zeit.

Das Mare Mediterraneum kommt nicht aus der Ewigkeit
und wird nicht reichen bis in die Ewigkeit.

Der späte Herbst

Wenn das tragend goldne Feld
schon ohne Ähren ist,

wenn schon im ALtental
der Nachttau blüht,

wenn zweisam Schiff
die späten Segel setzt –

dann wächst die Liebe wohl
zu langer Fahrt.

Die Seele

Was hätte sie, die Seele,
da „sie nicht ist", für ein Licht
zu verbreiten bei
unserem Tode?

Da sie weniger ist, als
eines Schleiers Rauch, und
sie keine Schwingen hätte

zu gleiten
in die Ewigkeit.

Zeitfracht Medien GmbH
Ferdinand-Jühlke-Straße 7
99095 Erfurt, Deutschland
produktsicherheit@kolibri360.de